Die

VONGUES

regieren Deutschland

Geheime Rituale und kryptische Sprache

Die nie gehackt

ISBN: 978-3-7583-4046-8
Verlag: BoD · Books on Demand GmbH, In de Tarpen 42,
22848 Norderstedt
Druck: Libri Plureos GmbH, Friedensallee 273, 22763 Hamburg

Widmung

An die Deutsche Postbank und an den Notdienst „116117", die mich zu diesen Zeilen inspiriert und mir in den schwersten Zeiten ein Lächeln geschenkt haben.

Ein großer Dank!

Inhalt

Deutsche Version

Liebe Leserinnen und Leser,

In diesem Buch habe ich versucht, nur einfache Sprache zu verwenden. Ich schreibe normalerweise auf Arabisch und übersetze es dann ins Deutsche. Da ich Deutsch erst im fortgeschrittenen Alter gelernt habe und kaum Gelegenheit zur Übung hatte, könnten Sie vielleicht ungewöhnliche Ideen oder seltsam formulierte Sätze finden.

Mit freundlichen Grüßen.

Khalil

Mehr als „36" sechsunddreißig Stunden ohne Schlaf, außer nur ein paar Minuten ab und zu, weil ich so müde war. Ich war sehr verwirrt und konnte nicht klar denken. Das war nicht das erste Mal. Seit einem Jahr habe ich große Schlafprobleme.

Endlich habe ich die Nummer 116117 angerufen, um schnell einen Termin bei einem Neurologen oder Psychiater zu bekommen. Nach einem kurzen Gespräch sagte die Mitarbeiterin, ich brauche eine neue Überweisung vom Hausarzt mit einem Code, meine normale Überweisung funktioniert nicht. Das Gespräch war zu Ende, und ich fühlte mich zum ersten Mal seit langem sehr glücklich. Ich fing an, den ganzen Tag und die ganze Nacht zu lachen. Manchmal war es fast schon hysterisch, besonders, wenn ich an die Situation dachte. Es war nicht das erste Mal, aber sicher das lustigste.

Immer wenn ich daran dachte, kam mir Douglas Adams und sein wunderbares Buch „Per Anhalter durch die Galaxis" in den Sinn. Ja, „Ich kann nichts ohne die richtigen Papiere tun. Wo sind die Papiere, die beweisen, dass du kein Roboter bist?"

„Sie würden keinen Finger rühren, um ihre Großmutter vor dem hungrigen Bog-Blater-Monster von Traal zu retten, ohne Befehle, unterschrieben in dreifacher Ausführung, verschickt, zurückgeschickt, verloren, gefunden, nachgefragt, untersucht, wieder verloren und dann drei Monate lang im Torf vergraben, bevor sie als Brennstoff für den Holzofen recycelt werden."

Das ist einfach das Gefühl, das man in Deutschland hat. In diesem Buch werden wir über Bürokratie sprechen – allgemein und durch meine persönliche Erfahrung, auf vielen Ebenen.

Ich glaube, du verstehst jetzt, worauf ich mit „**Vongues**" oder „**fun guys**" hinauswill, wie wir sie manchmal nennen. Es mag so klingen, als ob wir über lustige Leute sprechen, aber die Wahrheit ist viel komplizierter. „Vongues" ist nicht nur ein Wort, sondern ein Symbol für eine Kultur, die immer an der Spitze stehen will, „**Vogue**". Sie hat ihre eigene Sprache und ihre eigenen Regeln.

Diese Kultur hat sich nicht geändert, weder im Zeitalter der Papierarbeit noch im Zeitalter des Internets und der künstlichen Intelligenz. Die „**fun guys**" sind das freundliche Gesicht dieser Kultur.

Natürlich können wir „Vogonen" nicht von Douglas Adams übernehmen, das wäre ein Verstoß gegen das Urheberrecht. Aber wir können sicher seinen sarkastischen Geist nutzen, um diese Realität zu kritisieren.

Viel Spaß beim Lesen!

Das liebe Monster der Bürokratie

Wenn du ein Buch viele Male liest, wird es durch das Umblättern und das Falten der Seiten ein wenig dicker. Schulbücher sehen zu Beginn des Jahres farbenfroh und schlank aus, doch nach und nach schwellen sie an, bis sie am Ende des Jahres fast platzen. Ähnlich ist es mit den offiziellen Papieren. Eine einfache Transaktion beginnt mit einem einzigen Blatt, dann kommt ein weiteres dazu, und plötzlich liegt ein riesiger Stapel vor dir. Der wird immer größer und füllt sich mit bunten Aufklebern, Codes, Nummern und seltsamen Symbolen, die keiner versteht. Aber am Ende bedeuten sie alle dasselbe: Geld, in verschiedenen Namen – Gebühren, Steuern, Beiträge.

Das ist noch in Ordnung, aber du fragst dich, warum es nie zwei Unterschriften oder Stempel in derselben Etage gibt. Stattdessen musst du erst in den sechsten Stock für einen Stempel, dann runter in den Keller zum Archiv, und wieder hoch in den sechsten Stock, diesmal in das Büro nebenan.

Manchmal musst du das Gebäude verlassen, nur um es erneut zu betreten, immer mit einem wachsenden Stapel an Papieren in der Hand. Du fragst mehrere Mitarbeiter nach dem nächsten Schritt und musst dabei ihre schlechte Laune ertragen.

Früher war das so.

Heute sitzt jeder Mitarbeiter vor einem Computer, die kleinen gestempelten Marken sind verschwunden und durch die laserbedruckten Aufkleber ersetzt. Auch die kaum lesbaren Handschriften, die nur Staatsangestellte entziffern konnten, sind verschwunden. Jetzt ist alles dank Computern in sauberer Schrift.

Die alten Metallstempel wurden durch die laserbedruckten Aufkleber ersetzt. Die meisten jungen Leute haben diese Stempel wahrscheinlich nie gesehen.

Trotzdem habe ich immer noch Angst vor diesen Dokumenten. Jedes Mal, wenn ich einen Brief bekomme, verliere ich einfach die Fähigkeit zu lesen. Die Buchstaben und Zahlen verschwimmen vor meinen Augen, genauso wie die Symbole, die die alten Aufkleber ersetzt haben.

„Mein Gott, dieser Albtraum hört nie auf", sage ich mir immer wieder, wenn ich Post bekomme oder zu einer Behörde gehe, selbst in einem fortschrittlichen Land wie Deutschland.

§34 / §276 – natürlich darf man den unvermeidlichen Anhang nicht vergessen. Es gibt einen Anhang für alles: einen für Einsprüche, einen für Datenschutz, einen, der erklärt, dass sie dir alles mitgeteilt haben, was du weißt, nicht weißt, oder vielleicht später wissen wirst.

Das einzige, was aus der alten Zeit noch übrig ist, sind die Kritzeleien der Unterschriften. Aber selbst die könnten bald verschwinden.

In Syrien habe ich früh von einem großartigen Beruf erfahren: dem **„Makler für Behördenangelegenheiten"**. Es war kein Anwaltsbüro oder eine Rechtsvertretung nötig. Du zahlst einfach für seine Dienste, und er verschwindet für eine Weile, um dann mit einem mürrischen Gesicht zurückzukommen – was „Ich will mehr Geld" bedeutet. Dieses Ritual wiederholt sich, nur um dich zu überzeugen, dass er das verdient, bis er schließlich lächelnd zurückkehrt, stolz auf die „große Leistung", die er vollbracht hat.

Nach einer Weile verschwindet das mürrische Gesicht, wenn du ein treuer und großzügiger Kunde bist. Dann siehst du immer ein Lächeln.

Dieser Makler war ein echter Experte im Umgang mit den Behörden, obwohl er nie eine juristische Schule besucht hat. Er kennt jeden Winkel der Büros und weiß genau, wie er den schnellsten Weg nehmen kann. Du denkst: „Der hat ein Navi-System im Kopf!"

Doch oft musst du dich entscheiden: Entweder du zahlst den bekannten Betrag, oder deine Papiere verschwinden in einer Schublade bei einem Beamten und du wirst sie so schnell nicht wiedersehen.

Später übernahm ein Anwalt diesen Job, aber er erledigt nicht alles selbst. Er kümmert sich um bestimmte Dinge, aber der „Makler" bleibt wichtig, und die erfolgreichsten Anwälte haben immer zwei oder drei von ihnen zur Hand.

Bürokratie in ihrer schlimmsten Form, vor allem, wenn sie mit Korruption zusammenkommt. Aber selbst mit ehrlichen Mitarbeitern oder in einem Rechtsstaat bleibt das Grundproblem bestehen: Du musst dich mit der Bürokratie auseinandersetzen, egal wie schön die Stempel und Unterschriften geworden sind.

Wenn wir das Ganze in die Sprache der Bürokraten übersetzen wollen, könnten wir es so sagen: Damit Alles genau, fair und effizient funktioniert: Bürokratie ist ein Verwaltungssystem, das auf einer hierarchischen Struktur basiert. Es folgt festen Regeln und Verfahren, um sicherzustellen, dass Aufgaben effizient, genau und fair ausgeführt werden.

Aber dieses riesige System aus Büros, Formularen und endlosen Regeln erinnert doch stark an ein „liebes Monster". Es ist wie ein schützender **Glaistig**. Und mit Korruption verwandelt es sich in das erschreckende und zerstörerische Monster **Leviathan**.

Die Wahrheit ist, dass selbst ohne Korruption kann die Bürokratie manchmal **"einfrieren"**, wenn sie zu langsam und unflexibel wird. Das passiert oft, sogar in den fortschrittlichsten modernen Ländern.

Bürokratie hat ein paar wichtige Grundsätze:

1. **Hierarchie:** Die Befehle kommen von oben, und die Berichte werden von unten nach oben geschickt.

2. **Arbeitsteilung:** Jeder hat eine bestimmte Aufgabe, je nach seinen Fähigkeiten und seinem Fachgebiet.

3. **Feste Regeln:** Es gibt klare Gesetze und Vorschriften, die regeln, wie alles gemacht wird.

4. **Neutralität:** Entscheidungen werden nach den Regeln getroffen, ohne persönliche Vorlieben oder politische Einflüsse.

5. **Verantwortung:** Jeder wird überwacht, um sicherzustellen, dass die Arbeit richtig gemacht wird, und es gibt bei Fehlern Konsequenzen.

6. **Flexibilität:** Die Regeln sollten regelmäßig überprüft und angepasst werden, damit das System nicht starr wird.

In den folgenden Kapiteln werden wir einige reale Geschichten aus der modernen deutschen Bürokratie Revue passieren lassen, von denen einige sehr interessant und lustig sind.

Aufnahmebüro für Flüchtlinge „Die Ausländerbehörde"

Am Anfang und Bevor wir uns in die Bürokratie vertiefen, möchte ich euch von meinem ersten Tag in Deutschland als Flüchtling erzählen.

Die Zahl der Ankommenden war groß, und die Stadt Leipzig füllte sich mit ihnen. Während die Anträge bearbeitet wurden, nahmen die Mitarbeiter die biometrischen Daten der Neuankömmlinge auf: Passfotos, Gewicht, Größe und Fingerabdrücke. Wir warteten in einem großen, bequemen und beheizten Raum, der mit einer Reihe von Stühlen ausgestattet war, ähnlich den Wartzimmern in Krankenhäusern und Arztpraxen, aber schon viel großer.

Mir fielen zwei junge Männer auf, die versuchten, das Verfahren zu verstehen. geht es nach Zahlen? oder nach der alphabetischen Reihenfolge von Vornamen oder Nachnamens?, während sie erraten und beobachteten, wie die Leute aufgerufen werden! Hörte ich meinen Namen. Ich ließ beide hinter mir und trat ins Messzimmer ein.

Das Zimmer war groß und hatte traditionelle Schreibtische, wie sie in Behörden üblich sind. Neben der Tür stand eine Waage zur Messung von Größe und Gewicht. Gegenüber lagen die Akten der Flüchtlinge, traditionelle Schnellhefter, die übereinander auf einem Tisch gestapelt waren.

Die Mitarbeiterin notierte meine Maße und murmelte „171, 67" als sie unterbrochen wurde, ein angespanntes Gespräch zwischen den Mitarbeitern. Ich verstand gar kein Wort, aber es ging sicherlich um diese Akten. Die Mitarbeiterin stellte eine Frage an ihre Kollegin am anderen Ende des Raums, und schließlich wurde der Stapel in zwei Teile geteilt. Es schien, als ginge es um die Arbeitsbelastung und die Verteilung der Aufgaben. Nach einer Weile kam eine dritte Mitarbeiterin mit einem zusätzlichen Stapel zurück. Sie legte ihn auf einen der beiden Stapel und sammelte dann alle wieder ein. Kurz darauf kam eine der Mitarbeiterinnen zurück und nahm einen Teil, dann kam eine andere und nahm ein Teil und so weiter.

Natürlich war alles in Ordnung . Der Einfluss auf die Wartezeit war für einige Menschen nur minimal, aber doch dieser Moment blieb mir im Gedächtnis. Ich hätte mir gewünscht, noch ein wenig zu warten, um zu sehen, wie sich das Spiel der beiden jungen Männer draußen weiter komplizierte. Es war für mich schon fast komisch geworden. Was passiert war, fügte der Situation der beiden jungen Männer eine neue Komplexität hinzu, denn die Akten waren so durcheinandergebracht wie ein Kartenspiel.

Ich vergaß die Sache. Doch sie tauchte im Dezember 2023 nach acht Jahren wieder auf.

Die Verfahren dauerten etwa 18 Monate, bis ich einen Termin für den Sprachkurs erhielt und meine Familie nach Deutschland kam. Nichts konnte die Langeweile und die Qual des Wartens lindern, die Einsamkeit, ich alleine mit meinen schmerzhaften Erinnerungen an die Heimat und den schlechten dauerhaften Nachrichten davon, die sich nie besserten einherging.

Nichts konnte mir in dieser Zeit helfen, außer der riesigen Freundlichkeit, die wir von den Einheimischen, Freiwilligen und den Mitarbeitern der Ausländerbehörden sowie von den Lehrern der Sprachschulen erhielten.

Ich weiß aber, dass ich niemals genug tun kann, um meine Dankbarkeit für diese Menschen auszudrücken.

Im Jobcenter „Ares und Cares"

Das Jobcenter, auch liebevoll als „Arbeitsamt" bekannt, ist eine bürokratische Festung, die vom griechischen Kriegsgott Ares höchstpersönlich bewacht wird, der noch zweites Gesicht hat, genannt als "Cares".

Jeder Mitarbeiter im „Cares"-Bereich hat die ehrenvolle Aufgabe, sich um ein paar Arbeitsuchende zu kümmern und dabei größtenteils verständnisvoll zu wirken – so zumindest die Theorie. Der andere Bereich, der für die Finanzen zuständig ist und von Ares selber in seiner typischen „Ich-hau-alles-kaputt"-Manier geleitet wird, ist der wahre Albtraum. Ein Termin bei ihm? Vergiss es – das ist wie ein Treffen mit dem Endboss in einem Videospiel: schwer zu erreichen und garantiert unangenehm.

Einige von uns, vor allem die, die zufällig Hammer und Meißel in die Hand nehmen können, haben bereits Arbeit gefunden. Für alle anderen gilt: ohne Auto, keine Chance! Wer glaubt, mit Bus und Bahn zur Arbeit zu kommen, könnte genauso gut versuchen, auf einem Einrad zur Mars-Mission zu fliegen.

Während meines Deutschkurses hatten wir alle regelmäßig mit einem relativ freundlichen Cares-Mitarbeitern zu plaudern, die leider so viel Entscheidungsgewalt hatten wie eine Kaffeemaschine. Er nickte immer freundlich und machte gelegentlich sogar ein paar Anrufe bei potenziellen Arbeitgebern sonst müsste er immer mit Ares sprechen.

Irgendwann bekam ich dann tatsächlich eine Stelle bei einer Leihfirma – unter der Bedingung, dass ich pünktlich am Arbeitsplatz erscheine. Ha! Ohne Auto ist unrealistisch wenn man in einem abgelegenen Ort wohnt, ich lebe am Ende der Welt. Aber gut, ich probierte es aus und organisierte einen Probearbeitstag, um entweder die öffentlichen Verkehrsmittel zu testen oder jemanden zu finden, vielleicht ein Kollege dort der nah von mir fährt und mich abholen kann.

Ergebnis? Ich kam eine halbe Stunde zu spät – der einzige Bus von Nohfelden nach Trier war eben kein Ferrari. Der Mitarbeiter der Leihfirma führte mich herum, gab mir Arbeitskleidung und übergab mich dem Vorarbeiter und ließ mich dann in die Produktion los. Dort. Der nett Vorarbeiter erklärte mir meine ersten Aufgaben, nachdem er die Situation verstanden hatte . Am Ende des Tages sagte er dann das Zauberwort: „Oh, er konnte leider niemanden finden, der dich mitfahren kann, aber Pünktlichkeit ist schon wichtig. Wenn du nicht pünktlich kommen kannst, dann lieber gar nicht.

Mit beiden Arbeitsvertrag und Kündigung in der Hand (zwei für eins – Schnäppchen!) ging ich zurück zu Cares, die mich in einen Weiterbildungskurs in Sankt Wendel steckten, ein Sonderer Kurs für die Jobsuchende . Wow, dachte ich, ein Kurs zur Jobsuche! Ich konnte es kaum erwarten, das Geheimnis des Erfolgscodes zu knacken.

Zwei Monate hat es natürlich gedauert, bis der Bescheid kam!

Pünktlich erschien ich in einer Berufsschule, die kleine Büros hat und ein paar Computers. Nach kurzem Warten führte mich eine Mitarbeiterin zu einem Computer und fragte mich, ob ich damit umgehen könnte. Sie überreichte mir die magischen Adressen von zwei Jobportalen, die ich schon seit einem Jahr rauf und runter durchsucht hatte. „Wow", dachte ich, „jetzt kann ich mich endlich auf einem großen Bildschirm einloggen – das ist viel cooler als mein kleines Handy!" Acht Stunden vielleicht Klick-Arbeit verteilt auf zwei Tage.

Als die Lehrerin merkte, wie begeistert ich war, wechselte sie am nächsten Tag das Thema. Nun zeigte sie mir, wie man einen Lebenslauf schreibt – natürlich etwas, was jeder innerhalb von fünf Minuten im Internet hätte finden können.

Zurück bei Cares kam dann die letzte Krönung: „Wenn Sie ein Stellenangebot haben, übernimmt das Jobcenter die Kosten für den Führerschein." Wow, wirklich? Elf Monate lang hat der Staat etwa 2000 Euro pro Monat für meine Miete und meinen Lebensunterhalt

ausgegeben, dazu noch sinnlose Kurse, die keiner braucht. Und das alles, obwohl eine einzige Investition in einen Führerschein für etwa 1500 Euro das Problem längst gelöst hätte. Effizienz in ihrer reinsten Form!

Das ist es also, was man bürokratischen Overkill und versteckte Arbeitslosigkeit nennt. Wenn ein Beamter eine teure Lösung vermeidet, nur um am Ende mehr auszugeben – Willkommen im Irrenhaus! Und wenn Unternehmen durch solche unsinnigen Kurse noch Gewinn machen, dann nennt man das schlicht und einfach Gleichgültigkeit im Bürokratie-Mantel.

Das war nicht das Ende, es geht noch weiter.

Der verdammte Führerschein

Im Oktober bekam ich die Genehmigung für die Finanzierung meines Führerscheins. Es war selbstverständlich, dass ich drei Angebote von verschiedenen Fahrschulen einholen und das günstigste auswählen musste. Ein kaltes, sinnloses bürokratisches Verfahren, das mich an die Routinen in Syrien erinnerte, wo ich solche Angelegenheiten wegen Korruption persönlich stets vermieden habe.

In Deutschland ist dieses Verfahren jedoch ungewöhnlich, da die Preise für Fahrschulen nahezu einheitlich und nach Stunden abgerechnet werden. Jegliche Manipulation wäre leicht erkennbar. Dennoch folgte ich dem Verfahren und sorgte dafür, dass das letzte Angebot von der Schule in meiner Nähe kam, die das günstigste Angebot machte – wenn auch nur geringfügig.

Kurz vor November, nach der Genehmigung meldete ich mich an.

Dann rief mich „Cares" an und teilte mir mit, dass ich die Ausbildung vor Jahresende abschließen müsse, da sie das Finanzjahr abschließen. In Syrien bestand ein Teil meiner Arbeit darin , die Unternehmen bei der Digitalisierung zu unterstützen und nie gehört, dass das Schließen des Geschäftsjahres bedeutet, alle laufenden Geschäfte und Anträge zu schließen. Dennoch versuchte ich es, aber die Fahrschule konnte keinen schnellen Termin anbieten, weder für den Beginn des Trainings noch für die theoretische Prüfung. Auch eine andere Fahrschule konnte mir nicht weiterhelfen – die Leute begannen bereits mit den Vorbereitungen für Weihnachten.

Überraschenderweise erhielt ich vom Jobcenter eine Mitteilung über den Stopp der Finanzierung. Es dauerte bis Mai des folgenden Jahres, bis ich eine Verlängerung um eineinhalb Monate bekam. Aber klar nicht ohne bürokratischen Aufwand. Doch selbst dann schaffte ich es, nur sechs Stunden Training und die theoretische Prüfung zu absolvieren. Der praktische Prüfungstermin verzögerte sich jedoch um weitere 20 Tage, sodass das Jobcenter erneut die Finanzierung ablehnte.

Der einzige Unterschied diesmal war, dass die Fahrschule bereits 900 Euro von „Ares" erhalten hatte, und der Schulleiter stimmte zu, dass ich das Training fortsetzen und den Restbetrag in Raten zahlen könnte – etwa 600 Euro, die ich über mehrere Monate abzahlte. Etwa ein Jahr später erhielt ich jedoch Post, dass ich die von „Ares" gezahlten 900 Euro in monatlichen Raten zurückzahlen müsse. Ich entschied mich, nicht zu widersprechen, um nicht in die Bürokratie-Falle zu tappen oder den „Vogonen" zuzuhören, denn wie wir alle wissen: „Lass die Vogonen dir niemals Gedichte vortragen!" – Douglas Adams.

Die ganze Geschichte zog sich über ein ganzes Jahr hin, von der ersten Einladung, die ich von Ares erhielt, um das Thema zu besprechen, bis zum Tag, an dem mein Führerschein ausgestellt wurde.

Die Geschichte vom Führerschein ist nun erzählt, aber das Abenteuer mit dem Auto ist eine ganz andere Sache – vielleicht erzählen wir es ein andermal.

Wenn du denkst, dass das Ganze nur bei den öffentlichen Diensten endet, dann liegst du falsch, mein Lieber. Bürokratie ist überall – sogar bei den Banken. Komm mit mir im nächsten Kapitel und erlebe, wie ich mich in einem verwirrenden und absurden Abenteuer bei einer der Banken wiederfinde..

Der Riese des Geldes und der Banken – Die Postbank

Fragt man jemanden, der sich ein wenig mit Deutschland auskennt: Welches Unternehmen gilt als das bestorganisierte und dynamischste im Bereich Logistik und Management? Was würde die Antwort wohl sein? Ohne zu zögern wird er an DHL – Die Deutsche Post denken, nicht an SAP. Ja, DHL ist bekannt für seine Effizienz, seine Größe und die Vielzahl seiner Dienstleistungen. Sie bieten regulären Postversand, Expresslieferungen, Identitätsüberprüfungen und vieles mehr an.

Kennst du das arabische Sprichwort? In Deutschland sagen wir so etwas Ähnliches: „Der Schuster hat die schlechtesten Schuhe" und „Der Zimmermann hat ein schiefes Haus". Und genau das passt perfekt zur Postbank.

Im Jahr 2020 wollte ich nicht ständig zwischen den Arbeitsverträgen meiner Leihfirma arbeitslos sein. Also dachte ich, ich gründe ein Kleingewerbe – so nennt man das in Deutschland. Dafür brauchte ich vor allem die Genehmigung vom Rathaus. Doch wie so oft war die Bürokratie kompliziert, und ich musste auch ein Geschäftskonto eröffnen. So ging ich zur Postbank und eröffnete das Konto. Aber wegen Corona und einigen Problemen mit dem Jobcenter gab ich die Idee auf und nutzte das Konto einfach als Sparkonto, um jeden Monat ein wenig Geld für Notfälle zu sparen.

Dann begann die Postbank, mich mit Briefen zu bombardieren. Sie wollten immer mehr Unterlagen. Es fühlte sich wie ein Marathon an! Ich habe die Papiere ausgefüllt, abgeschickt und wieder ausgefüllt, abgeschickt. Irgendwann hörte ich auf zu zählen oder zu antworten, aber es waren mehr als 27 Briefe. Die Postbank jedoch hörte natürlich nicht auf.

Am Ende nahm ich mir einen Tag frei und ging persönlich zur Bank, um das Konto zu schließen und die ca. 400 Euro abzuheben. Überraschung! Das Konto war gesperrt. Der Mitarbeiter tippte und tippte auf seinem Computer und sah dabei immer verwirrter aus.

Seine Memik sagte mir „echt, was für eine ernste komplizierte Aufgabe!". Nach einer Weile sah er an mich und sagte mir: „Ich kann nichts machen. Sie müssen sich an die Zentrale in Bonn wenden oder die Telefonbanking-Hotline nutzen."

Jetzt begann ein neues Abenteuer. Du rufst die Hotline an, hörst dem Sprachcomputer zu, folgst den Anweisungen und am Ende bekommst du... noch einen Brief! Der enthielt zwei Codes mit jeweils 12 Zeichen – fast wie in einem Agentenfilm aus den 90ern.

Jetzt wurde es noch besser. Stell dir vor, du bist in den 90ern und rufst eine schicke Bank an. Du gibst den langen Code ein (den du natürlich nicht auswendig kannst) und nochmals den zweiten Code, und folgst den Anweisungen. Und endlich ein Mensch aber? „er müsse drittes Mal deine Identität überprüfen " Dann sagst du dem Mitarbeiter am Telefon deinen Namen, dein Geburtsdatum und deine Adresse. Du erzählst ihm die ganze Geschichte, und dann leitet er dich an seinen Kollegen weiter – der auch nichts weiß! Und keine Ahnung, worum es geht und wieder erzählst du die Geschichte vom ganz Anfang an.

So geht es Woche für Woche weiter. Jedes Mal dauert es eine Stunde oder länger und man hat nur eine Woche im Monat um die Bank während der Arbeitszeit anzurufen, wegen Schichtarbeit.

Und was kannst du während dieser Wartezeit tun? Vielleicht dir vorstellen, was der Mitarbeiter in der Zwischenzeit macht. Vielleicht muss er durch eine Tür gehen, die nur mit einem Fingerabdruck, Auge Stimme und einem speziellen Schlüssel geöffnet wird. Dann in ein geheimes Raum irgendwo im Quantenuniversum, wo alle Papierakten sicher aufbewahrt werden. Papierakten Natürlich! Wie sonst könnten sie die Dateien finden?

Am Ende hörte ich auf, die Bank anzurufen oder ihr zu schreiben, aber sie hörte natürlich nicht auf. Langsam entwickelte ich gemischte Gefühle gegenüber der Post, die von ihnen kam. Ich war psychisch völlig überlastet. Manchmal sah ich den Brief als ein ewiges Ritual, das man durchführt, ohne zu wissen warum." Und manchmal fühlte es sich an wie eines dieser nervigen Newsletters, bei denen man keine Ahnung hat, wie man das verdammte Abo kündigen kann.

Und nach ein paar Monaten, um dieses Thema endgültig und ein für alle Mal abzuschließen, schrieb ich der Bank den unkonventionellen Brief:

Sehr geehrte Damen und Herren,

An die Bankleitung,

Dieses komische Problem habe ich seit mehr als einem Jahr.

Ich habe versucht, mehr als zehnmal telefonisch Kontakt aufzunehmen, und jedes Mal wartete ich eine Stunde ohne Erfolg. Das ist zu viel. Ich habe jetzt ca. 30 Blätter von Ihnen, und mehrere Mals etwas ausgefüllt und zurück geschickt.

Ich habe auch persönlich versucht, das Problem direkt in der Filiale zu lösen, aber nach einer Stunde warten, sagte mir der Mitarbeiter, er könne nichts machen und es müsse in Bonn gelöst werden. Das war vor einem Jahr. Deswegen habe ich gemacht was der normale Mensch in solcher Situation macht „**Ignorieren**"

Die Blätter, die ich ausgefüllt habe, und die Kosten für die Post sowie die Zeit, alles ist mehr wert als das Geld auf dem Konto.

Von meiner Seite keine Interesse mehr, noch einmal durchmachen. Bitte schließen Sie das Konto ganz einfach und nehmen Sie das Geld oder schicken Sie es an die Caritas. Aber bitte, bitte, schreiben Sie mir nicht mehr.

Ich habe auch andere Probleme, die meine Zeit und Mühe erfordern. Es ging um 300 € und jetzt sind es noch 114 €.

Sie machen zu viel Mühe für nichts! Sie verlieren Ihre Zeit! und es kostet Sie mehr, als es wert ist. bitte um Ihre Zeit und Kosten aufpassen und kümmern Sie Sich um andere Kunden die Ihr Service benutzen, nicht um mich.

**Mit größtem Respekt und ohne Groll
wegen meiner sarkastischen Art.**

Mit freundlichen Grüßen,

Khalil

---

willst du wissen Was für eine Überraschung!

Die Antwort war so vorhersehbar, wie man es von einem typischen Mitarbeiter erwartet, der offensichtlich überfordert ist. Eine Standardantwort, die er immer wieder verwendet, ohne sich Gedanken über den Inhalt zu machen. „Ihre Beschwerde wurde an … bla bla bla… Gerede…". Und um es noch krönender zu machen, hat er oder anderer Mitarbeiter andere Post zweimal geschickt, nur um die Kontonummer zu wiederholen, die sie ohnehin schon kannte.

Kannst du dir vorstellen, dass die Deutsche Post, die online und in ihren Filialen Identitätsprüfungen anbietet, Pakete weltweit und in Deutschland liefert und spezielle Dienstleistungen für Unternehmen hat, ihren eigenen Bankbetrieb nicht gut managen kann? Sie benutzt immer noch Telefonbanking, das an alte Geräte wie die Enigma oder Lorenz 40 aus dem Zweiten Weltkrieg erinnert.

Ich habe keinen Groll gegen die Bank, im Gegenteil, ich fühle Mitleid – mit der Bank und mit mir selbst. Aber was dich vielleicht überraschen wird: Ich glaube wirklich, dass die Postbank in der Lage ist, die Digitalisierung in Deutschland voranzubringen oder zumindest den Anfang zu machen, um eine digitale Plattform für alle wichtigen staatlichen Dienstleistungen zu schaffen

Das Einzige, was an dieser Erfahrung merkwürdig ist: Es geht um eine Bank, nicht um eine Behörde. Normalerweise sind solche Institutionen flexibler, trotz einiger unerklärlicher Komplikationen.

Im Vergleich zu einer anderen Bank, wie der Sparkasse, bei der ich mein erstes Konto in Deutschland eröffnet habe: Dort musste ich natürlich viele und viele Dokumente unterschreiben, aber nur einmal, danach lief alles wunderbar – mit einem großartigen Online-Service und eleganten, benutzerfreundlichen Apps, die keine Komplikationen verursachen.

Wir lassen die Banken jetzt hinter uns und widmen uns im nächsten Kapitel dem Sozialsystem für Menschen mit geringem Einkommen.

Das schreckliche Monster Leviathan

Raus aus dem Jobcenter und weg vom Hilfesystem, wieder eine Abenteuer mit Ares und Cares.

Eines meiner wichtigsten Ziele war es, irgendwie aus dem System des Jobcenters rauszukommen. Deshalb habe ich nach der Corona-Pandemie so schnell wie möglich wieder angefangen zu arbeiten – und zwar bei der schlimmsten Leihfirma im Saarland, vielleicht sogar der ganzen Welt.

Man merkt schnell: Diese Firma arbeitet für große Unternehmen, um deren Verwaltungsaufwand loszuwerden. Denn es ist einfacher, mich als Leihabeiter zu entlassen, ohne sich mit meinen Rechten, Entschädigungen oder der Gewerkschaft beschäftigen zu müssen.

Trotzdem habe ich mit dem Mindestlohn angefangen, der zwischen 2017 und 2019 bei etwa 9,20 Euro lag. Im Jahr 2021 stieg er auf etwa 11 Euro, und als ich 2023 entlassen wurde, verdiente ich 12 Euro pro Stunde – wieder der Mindestlohn.

Menschen mit niedrigem Einkommen beantragen oft Kinderzuschlag und Wohngeld. Ich kannte die Formulare, weil ich Freunden schon oft geholfen habe. Normalerweise dauert das ein paar Monate. Bei mir hat es aber viel länger gedauert. Jedes Mal, wenn ich anrief, bekam ich dieselbe Antwort: „Warten Sie auf den Bescheid per Post."

Um das Problem zu lösen, arbeitete ich samstags und an Feiertagen, um genug Geld zu verdienen. Aber bei einem Mindestlohn, hier in Deutschland ist es fast unmöglich, ganz ohne Hilfe zu leben.

Nach einigen Monaten fing ich an, öfter anzurufen, mit allen Details bereit. Die Überraschung? Sie warteten auf ein Papier vom Jobcenter. Wirklich! Ich bin kein Kunde vom Jobcenter seit langer Zeit. Also rief ich das Jobcenter an – aber sie haben meine Anrufe ignoriert. Jedes Mal hörte ich: „Wir haben alle Unterlagen geschickt." Auch meine E-Mails wurden ignoriert.

Beim Wohngeldamt war sogar noch absurder. Zwei Mal hieß es telefonisch nur: „Oh, das habe ich vergessen. Ich kümmere mich schnell darum. Rufen Sie mich nächsten Monat wieder an." Beim dritten Anruf sagte mir eine Sachbearbeiterin „**Cares**", dass der alte **Cares** fahrlössig war, und sie hat die Probleme einfach an den nächsten weitergegeben – und verschwunden. Trotzdem änderte sich nichts.

Erst Mitte 2023 bekam ich erste Ergebnisse. Ich war im Urlaub und ging zum Jobcenter, das mich zuerst ignorierte. Doch nach einem Anruf von der Caritas bekam ich einen Termin. Eine **Cares** brachte mich in ein kleines Büro. Ich erklärte ihr das Problem. Sie ging weg und kam mit einem Stapel Papier zurück. Nach einer Stunde sagte sie mir: „Jetzt ist alles in Ordnung. Klar, ohne irgendeine Erklärung natürlich.

Einige Zahlungen kamen endlich an, aber es gab noch mehr Probleme. Meine unbezahlten Rechnungen stapelten sich inzwischen schneller als die Antworten vom Jobcenter.. Am schlimmsten war, dass ich die Caritas um Hilfe bitten musste, nur um einen Termin zu bekommen.

In meinem Deutschkurs vor einigen Jahren sprach die Lehrerin über „**Vitamin B**" im Saarland – ein Begriff für Beziehungen oder „**Vitamin W**" in Syrien. Ich glaubte das erst, als ich es selbst erlebte. Manche Leute zweifeln, ob das Saarland überhaupt zu Deutschland gehört.

Das Schlimmste war die Kündigung ohne Grund, nachdem ich zum ersten Mal in sechs Jahren krankgeschrieben war. Das brachte mich in eine neue Krise: Drei Monate dauerte es, bis ich bei der „Agentur für Arbeit" registriert war. In dieser Zeit konnte ich keine Miete, keine Raten für das Auto und keine Versicherungen zahlen. Alles ging an Inkassofirmen.

Es war kein großer Verlust, diese Leihfirma zu verlieren. Aber zurückzugehen war keine Option mehr, denn das Auto war weg – die Raten und Versicherungen waren nicht bezahlt.

Diese Ereignisse führten zu einer schweren gesundheitlichen Krise, die in einer schweren Depression endete. Dazu kamen noch familiäre Probleme im Heimatland.

Ich versuchte, beim Jobcenter und Arbeitsamt einen Kredit zu bekommen, um wenigstens das Nötigste zu zahlen und weiterarbeiten zu können, bis mein Fall geklärt ist. Beide Stellen lehnten ab.

Jetzt sind vier Monate vergangen, und mein Fall liegt immer noch beim Arbeitsamt. Ich habe keine Ahnung, was passieren wird.

Ich bat um ein Gespräch bei **Cares**, um die Situation zu besprechen. Sie rief sogar **Ares** dazu. Ich war geistig völlig erschöpft und konnte keinen Humor finden. Also fragte ich: „Wenn das so weitergeht, wird mein Konto für eine der Inkassofirmen gesperrt, und dann wird alles noch schlimmer." **Ares** antwortete nur: „Wenn das passiert, kommen Sie zurück, und wir finden eine Lösung."

Natürlich enden die Probleme bei Leihfirmen nicht hier. Neben der fehlenden Jobsicherheit profitieren die Arbeitnehmer nicht von Gewerkschaftsunterstützung. Während Gewerkschaftsmitglieder Entschädigungen wie eine 3.000-Euro-Erhöhung wegen steigender

Preise erhielten, gingen ausgeliehene Arbeiter „**Leiharbeiter**", die im selben Bereich arbeiten, leer aus.

Die Komplikationen beim Jobcenter, bei der Agentur für Arbeit sowie beim Hilfesystem sind extrem. Es ist so kompliziert, dass es Angst macht. Obwohl das interne Nachrichtensystem bei jedem Amt gut ist, glaube ich, dass es irgendwie an Google und Titan Mail erinnert – vielleicht ein maßgeschneidertes System.

Das Problem ist, dass es nicht wirklich digital ist. Als ich einmal zum Jobcenter ging, um fehlende Unterlagen nachzureichen, stellte ich fest: Das System ist immer noch hauptsächlich papierbasiert. Die digitale Technik wird vielleicht nur teilweise oder zur Zierde genutzt, oder nur Dekoration vielleicht.

Vielleicht liege ich falsch, aber es gibt definitiv kein einheitliches System zwischen den verschiedenen Behörden im selben Bundesland.

Hat schon jemand darüber nachgedacht, die Hilfen für Menschen mit Mindestlohn automatisch an die Steuerklasse anzupassen oder den Mindestlohn zu erhöhen? Das würde viel Arbeit im öffentlichen Dienst sparen und den Arbeitnehmern mehr Stabilität geben.

Zum Schluss: Ende 2024 wurde ein neues Gesetz vorgeschlagen, das diese Hilfen zusammenfassen und das System effizienter gestalten soll.

Cares glänzt wieder: Selbständige und Kleinunternehmen

Nach langer Zeit bei einer Leihfirma bekam ich plötzlich eine Kündigung und meldete mich bei der Agentur für Arbeit an, was etwas Zeit in Anspruch nahm.

Bei meinem ersten Treffen mit **Cares** erklärte ich, dass ich nicht ohne Arbeit bleiben könne. Also beschloss ich, ein kleines Unternehmen zu gründen, bis ich eine neue Arbeitsstelle finde. Ich wollte das Unternehmen auch später als Nebenjob behalten, egal ob ich einen festen Job oder eine Ausbildung finde. Ich habe einen einfachen Businessplan erstellt und ihn an eine Behörde geschickt, um ihn überprüfen und genehmigen zu lassen.

Das Seltsame war, dass mich die Agentur für Arbeit sofort abmeldete und bei einer anderen Abteilung innerhalb derselben Behörde erneut registrierte. Das hat viel Zeit gekostet, da sie auf die Genehmigung der genannten Behörde warteten.

Das Gebäude der Behörde steht am Rand der Stadt St. Wendel, ein traditioneller großer Bau mit einem Hauptgang, der zu einem Nebenflur führte. An der Tür befand sich eine Klingel, die ich betätigte. Eine Mitarbeiterin öffnete die Tür. Nachdem ich ihr mein Anliegen geschildert hatte, bat sie mich, auf ihren Kollegen zu warten, der für meine Akte zuständig war, aber gerade nicht da war. Nach mehreren Telefonaten und persönlichen Nachfragen dauerte es zwei Monate, bis ich einen Termin mit dem zuständigen Mitarbeiter bekam.

Erinnert ihr euch an die Spielkarten im Flüchtlingsamt? Im ersten Kapital in diesem Buch. Genau das habe ich dort wieder gefunden. Als ich in sein Büro kam, begann er herum zu suchen, drehte die Blätter auf dem Tisch um, suchte in der kleinen Schublade und öffnete einige Schränke. Nach einer Weile fand er den Antrag unter einem Stapel anderer Dokumente auf seinem Schreibtisch. Nach einem kurzen Gespräch sagte er mir, er werde den Plan prüfen und mir die Entscheidung in den nächsten zwei Tagen mitteilen.

Trotz der schwierigen Lage, in die mich diese Nachlässigkeit gebracht hatte, war die Situation auf eine eigenartige Weise fast lustig. Sie erinnerte mich an eine ähnliche, witzige Szene im Flüchtlingsamt vor Jahren. Also reagierte ich nicht groß darauf, sondern ging traurig und lächelnd zugleich hinaus.

Zwei Tage später rief ich an, und am vierten oder fünften Tag ging ich persönlich hin, um eine klarere Antwort zu bekommen: „Sobald es fertig ist, werden Sie benachrichtigt."

Diese Antwort brachte mich dazu, das Vorhaben beim Arbeitsamt aufzugeben. Tatsächlich wurde ich erneut abgemeldet und als arbeitssuchend registriert, was weitere Monate in Anspruch nahm.

Diese Zeit verschärfte meine finanziellen Probleme. Bis vor kurzem hatte ich noch die Kosten für den Führerschein in Raten an das Jobcenter abgezahlt.

Diese Monate waren ein finanzieller Albtraum – im wahrsten Sinne des Wortes. Alle meine Raten und Rechnungen wurden an Inkassobüros weitergegeben, und ich erhielt täglich mehrere erdrückende Anrufe von ihnen.

Einige Monate später las ich in einer internationalen Zeitung einen Bericht über die Lage von Volkswagen. Was mich erschreckte, war nicht der Zustand des Unternehmens – das interessiert vor allem Aktionäre und Investoren –, sondern das durchschnittliche Gehalt dort. Es war buchstäblich fünfmal so hoch wie das, was ich in den letzten sechs Jahren bei den Leihfirmen im Saarland verdient hatte.

Wir werden hier nicht tiefer auf dieses Thema eingehen, da ich nicht alle Fakten kenne. Aber ich denke, dass dieses Modell der Leihfirmen dringend überarbeitet werden muss – in Bezug auf seine Struktur, Gesetze und Verhaltensweisen.

Was ich wirklich ansprechen möchte, ist die erschreckende Zeitspanne für den Wechsel von einem Büro zum anderen im selben Amt. In den fast vier Monaten, in denen ich arbeitslos war und keinerlei Einkommen hatte, ging es buchstäblich nur darum, von **Cares'** Büro auf der rechten Seite des Flurs zu anderem **Cares'** Büro auf der linken Seite zu wechseln.

Das wirft eine große Frage auf: Warum gibt es in jeder Ecke und in jedem Raum dieser Behörde Computer? Vor jedem Mitarbeiter steht ein Computer, und sogar im Flur vor dem Wartebereich gibt es einen Computer, den niemand benutzt. Netzwerkleitungen zieren die Decken in allen Gängen des Gebäudes. Würde man die Akten an diese Leitungen hängen und von Hand durch

die Gänge und Schubladen von einem Büro zum anderen ziehen, würde das nicht so lange dauern.

Es schien alles so mit dem humorvollen Anruf bei der Notrufnummer 116117, wie ihr Erinnerung habt.

Der Hauptgrund dafür war die Schwierigkeit, Termine bei einigen Fachärzten zu bekommen, was auf den Mangel an Ärzten in Deutschland zurückzuführen ist.

Wichtiger Hinweis: Liebe Leserinnen und Leser mit einer privaten Krankenversicherung (PKV), dieser Abschnitt ist nichts für euch. Ihr könnt ihn überspringen, denn ich habe keinen wirkungsvollen Weg, euch das zu erklären. In dieser Hinsicht lebt ihr tatsächlich auf dem Mars und nicht mit uns auf demselben Planeten. Dieser Abschnitt ist ausschließlich für diejenigen mit gesetzlicher Krankenversicherung (GKV) bestimmt. Wenn ihr dennoch Probleme mit eurer PKV Versicherung habt, tut es mir leid, aber ich kann es mir nicht vorstellen.

Es reicht nicht aus, dass Deutschland einen erheblichen Ärztemangel hat, sondern die Ärzte selbst sind auch von der deutschen Bürokratie betroffen.

Nach zwei Besuchen in der Hausarztpraxis erhielt Layla eine Überweisung zum Dermatologen. Dort fand sie natürlich keinen freien Termin vor Ablauf von drei Monaten.

Als der Termin schließlich kam, erreichte Layla die Praxis pünktlich, nur um festzustellen, dass sie dennoch eine weitere Stunde im Wartezimmer verbringen musste. Sie vertrieb sich die Zeit mit dem Durchblättern der herumliegenden Zeitschriften.

Schließlich wurde sie aufgerufen. Nach einer kurzen Untersuchung sagte ihr der Arzt einfach, dass es sich um Fettablagerungen handele, die den Tränenfluss behinderten und den lästigen Juckreiz verursachten. Eine kleine Operation könnte das Problem beheben.

Was jedoch nicht „klein" war, waren die Kosten für diese „einfache" Operation – 700 Euro, die Layla selbst bezahlen musste, da der Eingriff als kosmetisch eingestuft wurde und daher nicht von der Krankenkasse übernommen wurde.

„Gibt es keine andere Lösung?", fragte Layla. Der Arzt antwortete: „Ja, es gibt einige Cremes, die helfen könnten. Und wenn es sich entzündet – was fast immer passiert – können Sie zurückkommen, und die Krankenkasse wird die Operation dann übernehmen."

Er erwähnte nichts über die Kosten der Operation nach der Entzündung, denn diese Kosten übernimmt die Krankenkasse nur, wenn der Zustand zu einem medizinischen Notfall wird.

Fünf Minuten später war Layla zurück im Wartezimmer und wartete auf das Rezept, das die Symptome lindern sollte.

Zu ihrer Überraschung war das Rezept grün. Das bedeutete, dass sie das Medikament selbst bezahlen musste. Dieser Schock wiederholte sich in der Apotheke, als sie erfuhr, dass der Preis für das Medikament in Deutschland das Mehrfache dessen betrug, was es in anderen Ländern kosten würde.

Dies ist nur eines von vielen Beispielen, die einem das deutsche Gesundheitssystem liefert. Es mag zwar als eines der besten der Welt gelten, aber wenn es um finanzielle Transparenz geht, wird es plötzlich neblig. Medikamente? Ja, die sind in Deutschland besonders teuer. Ärzte? Die haben oft mehr Angst vor den Vorschriften als um das Wohl ihrer Patienten.

Ein gutes Beispiel: Asthmamedikamente, die man sein Leben lang nehmen muss. In Deutschland kosten sie dreimal so viel wie in anderen Ländern. Im Jahr 2024 wurde das Medikament Foster 100/6 für stolze 120 € verkauft, während es in Ländern mit vergleichbarem Steuersystem für etwa 45 € zu haben war. Klingt unfair? Tja, willkommen in der Realität.

Und als ob das nicht genug wäre: Die Preise für Medikamente und Behandlungen, die nicht von der Krankenkasse übernommen werden, sind oft so hoch, dass man sich fragt, ob die Apotheke nicht nebenbei einen Juwelier betreibt.

Diese Bürokratie? Die lässt sich nicht einfach durch ein paar Klicks digitaler Zauberstab lösen. Das Gesundheitswesen in Deutschland ist digital gesehen schon auf einem hohen Stand. Das Problem steckt tiefer: Es liegt in den Gesetzen und Vorschriften, die den Arbeitsalltag in diesem Bereich bestimmen.

Also, auf geht's zu einer kleinen Reise durch die Routine Bürokratie. Ist sie wirklich notwendig oder doch eher der Elefant im Raum? Und welche Rolle spielt sie eigentlich im großen Getriebe des Staates?

Bürokratie in der Politik und Wirtschaft

Denkst du, dass Bürokratie und Politik nichts miteinander zu tun haben? Ganz im Gegenteil! Es geht oft um politische Themen, die große Firmen betreffen und nicht unbedingt Einzelpersonen. Aber warum sollte ich mich nicht einmischen?!

Politik im Energiebereich

Die Energiepolitik zwischen Deutschland und Frankreich ist ziemlich spannend. Beide Länder produzieren fast die gleiche Menge Strom, aber es gibt einen Unterschied: Deutschland verbietet Atomkraft, während Frankreich, nur ein paar Kilometer weiter, zu 90 % darauf setzt.

Bürokratie und Flüchtlinge in Europa

Schau dir mal das Thema Flüchtlinge an. In jedem Land macht Bürokratie die Sache komplizierter. Das gilt sowohl innerhalb der Länder als auch zwischen den Staaten der EU. Die politischen Streitereien und die dazugehörigen Gesetze sind wirklich verrückt.

Politische Paradoxien durch Bürokratie

Noch ein Beispiel: Die Europäische Kommission. Sie wird ernannt und hat mehr Macht als das direkt gewählte Europäische Parlament. Ziemlich verrückt, oder?

Bekannte politische Paradoxien

Und dann gibt's noch das berühmte Beispiel aus den USA: Das System zur Wahl des Präsidenten. Da wird nicht nach den Stimmen der Wähler entschieden, sondern durch ein kompliziertes Wahlsystem mit Delegierten. So kommt es, dass die Wahl nicht wirklich das widerspiegelt, was die Menschen gewählt haben.

Lösungen für die politische Bürokratie

Manchmal sind die Lösungen für bürokratische Probleme echt simpel. Am Ende hängt alles von der Politik ab. Wenn sich die Politiker zum Beispiel einigen, mehr Asylbewerber aufzunehmen, wird alles einfacher. Wenn sie sich dagegen entscheiden, wird's schwieriger.

Manchmal ist Politik schwerer als Bürokratie

Es gibt Fälle, da ist die politische Lösung komplizierter als die Bürokratie selbst. Libanon versucht seit über 30 Jahren, das Wahlgesetz zu ändern – ohne Erfolg. In den USA ist es fast unmöglich, das Wahlsystem zu ändern.

Doppelte Loyalität in der Bürokratie

Manche sagen, dass viele Beamte loyaler zu ihrer Abteilung sind als zum Staat. Ein Politiker stimmt vielleicht mit seiner Partei für ein Gesetz, obwohl er es eigentlich nicht unterstützt. Oder ein Beamter setzt sich mehr für seinen eigenen Erfolg ein als für das Gemeinwohl. Oft kämpfen die Beamten um den größten Teil des Budgets, weil das ihren Erfolg garantiert.

Ein anderes Beispiel

Manchmal verteilt der Finanzminister das Geld nach politischer Loyalität. In Israel gab es 2023 und 2024 viel Aufregung, weil das Budget nach der Loyalität zu Netanyahu verteilt wurde.

Solche Bürokratie – wie in medizinischen oder politischen Kontexten – gehen über den Rahmen dieses humorvollen Buches hinaus. Es sei also angemerkt, dass der Begriff „Bürokratie" in diesem Buch meist auf komplexe, verwirrende Routinen hinweist und sich nicht auf den vollständigen technischen Aspekt des Begriffs bezieht.

Aber ich habe euch Spaß verspricht, nicht nur die langweilen Themen der Bürokratie

Deswegen lassen wir diese Größe Themen den Großen und gehen zurück zu etwas leichter und fröhlicher, etwas Frisch und verdaulich ! Aber nach kurzer Reise in der Bürokratiewellt

Eine Reise durch die Welt der Bürokratie

Mit anderen Worten: Wir begeben uns auf eine Reise in die Welt der "**Vongues**".

Die "Vongues" leben mit uns auf der Erde, aber in einer parallelen Dimension. Sobald der Bürokrat seinen Stift niederlegt und sich entspannt zurücklehnt, gleitet er förmlich in eine andere Dimension – die Welt der Bürokratie. Du hast das sicher schon bemerkt, wenn du einen Freund in seinem Büro besuchst oder eine Angelegenheit in einem Amt erledigst. Selbst wenn der Beamte dein enger Freund ist, ändert sich seine Stimmlage, seine Augen blinzeln anders, und die Mimik verschwindet aus seinem Gesicht.

Mach dir keine Sorgen um deinen Freund, das passiert überall in Deutschland – außer im Saarland. Dort sagt man, Vitamin B (Beziehungen) könnte diese Symptome lindern. Ich persönlich weiß es nicht genau, denn als Flüchtling in diesem Land habe ich keine Kindheitsfreunde, die in staatlichen Ämtern arbeiten. Ich kann also nicht mit Sicherheit sagen, ob die Informationen in diesem Buch wahr sind, obwohl ich es selbst schreibe.

Aber ernsthaft: Wie entsteht Bürokratie, wie entwickelt sie sich, und wie bildet sich der sogenannte "tiefe Staat" im positiven Sinne?

Glaub es oder nicht, aber Bürokratie ist tatsächlich eines der wertvollsten 'Produkte' eines jeden Staates. Ohne sie? Chaos pur!. Ja, mein lieber Leser, das ist die harte Wahrheit, die wir alle akzeptieren müssen.

Die Bürokratie ist ein notwendiges Übel, um den Staat zu verwalten. Sie besteht aus den Regeln, Vorschriften und Verfahren, die sich über die Zeit angesammelt haben und das Wissen und die Erfahrung des Staates widerspiegeln. Sie braucht kontinuierliche Reformen und Anpassungen, um in den sich wandelnden politischen und wirtschaftlichen Zeiten funktionsfähig zu bleiben.

Ob es um die Gründung eines Unternehmens oder die Registrierung einer Firma geht, das Verfahren ist nicht überall gleich. In einem Entwicklungsland mit begrenzten Ressourcen ist es anders als in einem hochentwickelten Land wie Deutschland, wo die Infrastruktur komplex ist und ein fortgeschrittenes Steuersystem die bürokratischen Prozesse unterstützt. Natürlich unterscheiden sich die Verwaltungsabläufe je nach Land, und das lässt sich auch auf komplexere Bereiche wie das Bankwesen, die Wirtschaft, das Bildungssystem und die Außenpolitik ausdehnen.

Wenn wir zu Beginn des Buches die Bürokratie als ein nettes Monster dargestellt haben, das langsam die Dinge regelt, und einen kurzen bürokratischen Überblick gegeben haben, werden wir uns nun mit der Frage beschäftigen, wie Bürokratie entsteht, welche Faktoren sie beeinflussen und wie sie reformiert werden kann, um ihre negativen Auswirkungen zu minimieren.

Der Staat ist im Grunde die Summe seiner Bevölkerung, und seine Geschichte ist die Geschichte seiner Menschen. Der Staat entwickelt sich mit seinen Bürgern, und sie wiederum leiten und leben in ihm.

Ein gutes Beispiel ist Deutschland: Die Kompetenzen der Beamten und Behörden sind ein Produkt des föderalen Systems, das wiederum auf der langen Geschichte Deutschlands basiert. Deutschland bestand einst aus vielen kleinen, unabhängigen Fürstentümern, die sich im Laufe der Geschichte vereinten, wobei die einzelnen Bundesländer ihre relative Unabhängigkeit bewahrten.

Die Details des bürokratischen Systems, seine Komplexität und die Vielzahl der miteinander verknüpften Regeln sind das Ergebnis der zunehmenden Dienstleistungen und der Weiterentwicklung der Gesellschaft. Früher musste man nur Holz hacken, ein Haus bauen und Kohle im Ofen verbrennen. Heute sind die Verfahren viel komplizierter, bis hin zur Erhaltung des architektonischen Stils einer Straße oder der Genehmigung der Nachbarn für bestimmte Bauprojekte.

Wenn man dieses Beispiel auf verschiedene Lebensbereiche wie Gesundheit, Bildung, Justiz, Industrie und Landwirtschaft ausweitet und all diese Aspekte in eine Zeitmaschine steckt – vom Agrarwirtschaftszeitalter über die industrielle Revolution bis hin zu kriegen, Wirtschaftskrisen und sozialen Umbrüchen – wird die heutige Bürokratie in der modernen Welt geboren.

Daher gibt es strukturelle Unterschiede in den Bürokratien der verschiedenen Länder, die auf den unterschiedlichen politischen und wirtschaftlichen Erfahrungen der jeweiligen Gesellschaften basieren. Ein weiteres Beispiel für den sozialen Einfluss auf das bürokratische Verhalten:

Als Syrer war es mir nicht erlaubt, das Tote Meer in Jordanien zu besuchen, es sei denn, ich erhielt eine vorherige Genehmigung von den jordanischen Behörden – was praktisch unmöglich war. Doch der weitverbreitete Name meiner Familie in Jordanien half mir oft, diese Genehmigung überraschend schnell zu bekommen.

Es ist natürlich sinnlos, Deutschland mit einem Land wie Syrien zu vergleichen – sei es vor dem Krieg, aufgrund des technologischen und wirtschaftlichen Unterschieds und der Korruption, oder nach dem Krieg, wo der Staat nach dem Ausbruch der Revolution und des Krieges praktisch nicht mehr existiert.

Wenn du daran interessiert bist, gibt es viele Theorien, die dieses Thema diskutiert haben, wie die idealtypische Bürokratie, die Eliten-Theorie und die offenen Systeme. Aber kurz gesagt: Bürokratie ist der Staat in all seinen Facetten. Doch wenn wir über Bürokratie sprechen, denken die meisten Menschen nur an die verwirrenden, sich endlos hinziehenden Routinen und Verfahren.

Daher ist die Diskussion über die Reform des bürokratischen Systems ein großes und komplexes Thema. In diesem leichten Buch versuchen wir jedoch, den Humor zu nutzen, um auf einige der Schwächen der Bürokratie hinzuweisen, in der Hoffnung, dass dadurch der Fokus darauf geschärft wird und Lösungen gefunden werden können.

Gibt es Möglichkeiten, die Bürokratie zu verbessern?

In der Tat bemühen sich die Länder ständig darum, ihre Bürokratie zu optimieren, mit unterschiedlichen Reaktionsgeschwindigkeiten. Die Vereinigten Staaten zeichnen sich durch viel größere Flexibilität als Deutschland aus, insbesondere weil der Privatsektor dort eine viel größere Rolle bei der Erbringung von Dienstleistungen spielt.

Auf der anderen Seite punktet das deutsche System durch sein starkes soziales und medizinisches Versicherungssystem, wodurch mehr Dienstleistungen direkt vom Staat verwaltet werden.

Ehrlich gesagt, habe ich keine genauen Informationen, um Deutschland mit anderen europäischen Ländern in Bezug auf Bürokratie zu vergleichen.

Nach dieser Erläuterung kommen wir nun zu den digitalen Lösungen für den bürokratischen Alltag und deren Realitätsnähe. Bevor wir diesen Weg beschreiten, sei gesagt, dass Deutschland bereits große Fortschritte im Bereich der Automatisierung gemacht hat und zu den fortschrittlichsten Ländern in vielen Bereichen gehört.

Trotz dieses Fortschritts: Wenn wir Deutschland mit den schlimmsten drei Ländern der Welt in Bezug auf Bürokratie vergleichen würden, wäre Deutschland sicher auf Platz eins. Diesen Platz widme ich persönlich dem deutschen Staat. Er basiert auf keiner bekannten Studie oder einem bestimmten Maßstab zur Rangordnung von Ländern.

Aber in meinen Augen wird Deutschland immer und ewig die Nummer eins sein, wenn es um die Komplexität der Bürokratie geht – ganz egal, welche anderen Länder im Wettbewerb stehen. Zumindest bis auf Weiteres.

Technologie um der Technologie willen

Die bürokratische Denkweise kann sich eine einfache Angelegenheit nicht vorstellen. Sie muss auf die eine oder andere Weise kompliziert sein. Wenn du mir nicht glaubst, werde ich es dir beweisen. Ich werde dir drei Dinge anhand praktischer Beispiele beweisen:

1. Der Bürokrat wird dir immer wieder zeigen, dass du dumm bist, und dass du zu ihm zurückkehren musst, weil irgendetwas fehlt.

2. Er wird versuchen, auf jede erdenkliche Weise noch mehr Papierkram hinzuzufügen – selbst in elektronischen Vorgängen.

3. Er wird immer die schwierigste Lösung aus allen möglichen Optionen wählen.

Wie das funktioniert? Lass mich das erklären...

Ein praktisches Beispiel für eines der fortschrittlichsten E-Government-Programme in Deutschland

Die Steuern in Deutschland sind vollständig digitalisiert

Klingt fantastisch, oder? Stell dir vor, du lebst im Saarland und

möchtest den Luxus der elektronischen Dienste genießen. Du lädst einfach die passende App herunter oder gehst direkt auf die We bsite von **ELSTER**.

Alles ist so einfach: Du forderst eine Steuererklärung an, schickst sie mit einem Klick ab, und nach ein paar Tagen erhältst du die Antwort – natürlich per Post. Du erledigst den letzten Schritt, und das war's. Wirklich beeindruckend, oder?

Nun, zumindest nach der Registrierung ist alles in Ordnung. Aber die Registrierung selbst? Das ist eine ganz andere Geschichte. Bei mir hat es einen ganzen Monat gedauert, mich zu registrieren. Stell dir vor, du versuchst es immer wieder, aber irgendetwas funktioniert einfach nicht. Ich habe alle Schritte befolgt, aber bei der Eingabe des Bundeslandes und der Steueridentifikationsnummer tauchte ein Problem auf, das ich nicht verstand.

Das System akzeptierte meine Steueridentifikationsnummer nicht, und es speicherte meine Daten nur, wenn alles vollständig und korrekt war. Immer wieder durchsuchte ich mein Lohnzettel und die Unterlagen vom Finanzamt, aber nichts half.

Schließlich fuhr ich persönlich zum Finanzamt in St. Wendel. Die Tür war verschlossen. Ich klingelte und wartete, bis ein Beamter mit ernster Miene herauskam und mich fragte: „Was wollen Sie?" Noch bevor ich etwas erklären konnte, unterbrach er mich und deutete auf ein Papier, das an der Tür hing, mit Anweisungen zur Online-Registrierung. Ohne ein weiteres Wort verschwand er, ohne mir die Chance zu geben, mein Problem zu erläutern.

Also fuhr ich wieder nach Hause und beantragte meine Steueridentifikationsnummer per Post – die natürlich erst nach vier Wochen ankommt, in Papierform. Die Überraschung? Es war genau dieselbe Nummer, die schon auf meinen Gehaltsabrechnungen stand.

Ich durchsuchte das Internet, um den Unterschied zwischen der Steueridentifikationsnummer und der Steuer-ID zu verstehen, aber nichts half. Ich rief Dutzende Male beim Finanzamt an, aber niemand nahm den Hörer ab – es sei denn, du hattest das Glück, genau während der begrenzten Bürozeiten anzurufen.

Endlich erreichte ich jemanden, einen freundlichen Mann, der mir am Telefon erklärte: „Lassen Sie das Feld einfach leer und auch das Feld für das Bundesland, wenn Sie Ihre nur Steueridentifikationsnummer haben." Zum ersten Mal bekam ich eine klare und einfache Antwort von einem Mitarbeiter – und es funktionierte wunderbar. Vielen Dank an diesen unbekannten Helden im Finanzamt St. Wendel!

Jetzt siehst du: Der Bürokrat hat dir bewiesen, dass du dumm bist.

Mir ist es egal weil endlich habe ich ein Konto bei **Elster**!

Das Elster-System hat wirklich alles versucht, um eine schnelle Registrierung und einen sicheren Zugang zu den Diensten zu gewährleisten. Zunächst meldest du dich mit deiner E-Mail-Adresse an, bekommst eine Bestätigungsmail und dann – der spannende Teil – schicken sie dir einen langen Code als Aktivierungsnummer, zusammen mit einem einzigartigen Benutzernamen und einem komplizierten Aktivierungscode, der aus Buchstaben und Zahlen besteht.

Schauen wir uns diese großartige Technologie mal genauer an:

- **Benutzername**: Das ist der Name, den du gewählt hast. Er ist deine Identität im System.

- **Aktivierungs-ID**: Diese Nummer ist einzigartig für dein Konto und wird verwendet, um dein Konto mit dem Aktivierungscode zu verknüpfen.

- **Aktivierungs-Code**: Das ist der Code aus Buchstaben und Zahlen, der nur einmal verwendet wird, um dein Konto zu aktivieren. Er könnte auch eine Rolle spielen, wenn du dein Passwort vergisst.

- **PFX-Datei (digitale Signatur)**: Nachdem alles abgeschlossen ist, bekommst du vom System eine PFX-Datei, die du auf deinem Gerät speichern musst. Und natürlich brauchst du dafür ein starkes Passwort wie dieses hier: k@S1fn"5+/3@wm)%0 – leicht zu merken, oder?

Vorteile dieser Technik:

- **Hohe Sicherheit**: Dein Konto ist vor unbefugtem Zugriff geschützt.

- **Benutzerfreundlichkeit**: Der Aktivierungsprozess ist simpel und leicht nachvollziehbar.

- **Zuverlässigkeit**: Es stellt sicher, dass nur der rechtmäßige Kontoinhaber das Konto aktiviert.

Ein sicherer Zugang, verstärkt durch die digitale Signaturdatei – so sieht es aus, wenn Technologie und Bürokratie sich treffen.

Ganz ehrlich, das ist alles völliger Unsinn und schlichtweg lächerlich in unserer heutigen Zeit.

Wir leben im Zeitalter hochentwickelter KYC-Technologien (Know Your Customer), die insbesondere bei Banken weit verbreitet sind. In einem fortschrittlichen Land wie Deutschland ist es schlichtweg inakzeptabel, auf solche vergleichsweise veralteten Methoden zurückzugreifen.

KYC ist ein Verfahren, das die Identifikation von Kunden effizient und sicher gestaltet. Alles, was das Steuerportal gebraucht hätte, wäre die Integration dieser Technologie über einen der vielen Anbieter, die es in Deutschland gibt. Anstatt das Rad neu zu erfinden, hätte man Zeit, Mühe und Geld sparen können – und das mit einem Verfahren, das viel sicherer und schneller ist als das, was hier entwickelt wurde.

Und als wäre das nicht genug: In Deutschland gibt es bereits die elektronische Identität (E-ID), die das gesamte Verfahren hätte vereinfachen können. Stattdessen entschied sich die Bürokratie, den schwierigeren Weg zu gehen – typisch, oder?

So zeigt sich wieder einmal: Der Bürokrat hat den kompliziertesten Weg gewählt, obwohl die einfachere Lösung direkt vor der Nase lag.

Die deutsche e-ID: Ein großes Fragezeichen

Im gleichen Zusammenhang fragst du dich: Was bringt mir eine digitale Identität, wenn ich sie in meinem eigenen Land nicht einmal bei Elster oder dem Finanzamt verwenden kann?

Ist die Technologie also wirklich nur Selbstzweck? Warum sollte man überhaupt eine digitale Brieftasche oder eine e-ID entwickeln, wenn sie vom Finanzamt im eigenen Land nicht akzeptiert wird und man sich stattdessen separat registrieren muss? Noch dazu greifen sie auf eine über 30 Jahre alte Technik zurück – die zwar technisch beeindruckend, aber in diesem Zusammenhang völlig nutzlos ist.

Ich werde das Beispiel nicht weiter ausführen, weil es schlichtweg frustrierend ist. Stell dir vor, du musst herausfinden, was du überhaupt benötigst, und dann ein Formular ausfüllen, als wäre der Computer nur dazu da, um Papierkram zu erledigen.

Missversteh mich nicht: Elster und das Projekt der deutschen e-ID sind großartige Errungenschaften und verdienen Anerkennung. Aber es ist ein sinnloses Unterfangen, das in einem chaotischen Ansatz endet, bei dem jede Behörde oder jedes Unternehmen seine Dienste isoliert von den anderen anbietet. Es gibt keinen einheitlichen Rahmen, der das tatsächliche Niveau der E-Government-Entwicklung in Deutschland widerspiegelt.

Mach doch mal eine kleine Tour durch die Websites der verschiedenen Bundesländer und Behörden. Du wirst schnell sehen, wie stark alles zersplittert ist. Das zeigt, wie viel Geld und Mühe verschwendet werden, um jedes Mal das Rad neu zu erfinden.

Was bringt es also, wenn du bei jeder Behörde ein neues Konto erstellen musst? Worin liegt der Unterschied zwischen einer sogenannten „E-Government"-Seite und einer kommerziellen Website?

Einige Unternehmen bieten bereits Single-Sign-On-Lösungen (SSO) an, damit du dich nicht bei jedem Dienst neu registrieren musst – wie zum Beispiel Google, Facebook oder Apple. Jeder benutzt sie täglich. Aber die deutschen Behörden schaffen es nicht, eine ähnliche Funktion bereitzustellen!

Und das hat nichts mit komplizierten, umfassenden Lösungen zu tun. Es ist ein vergleichsweise einfaches technisches Verfahren, das genauso einheitlich sein sollte wie das Ausstellen von Personalausweisen.

Die heiligen Papiere

Du denkst, das Ganze wäre erledigt, sobald du dein Konto beim Finanzamt eingerichtet und die luxuriöse App heruntergeladen hast? Weit gefehlt! Ein genialer Bürokrat hat beschlossen, dich immer wieder daran zu erinnern, dass du fest in seinen Fängen bleibst und niemals entkommen wirst.

Zunächst, wenn du die Seite ohne ordnungsgemäßes Ausloggen verlässt, wird er dich beim nächsten Mal erinnern: „He, du hast die Seite beim letzten Mal nicht über den Abmelde-Button verlassen!"

Ein weiteres Mal zeigt er dir, wie unfassbar „schusselig" und „dumm" du bist.

Erinnerst du dich, wie er dir das Gefühl gegeben hat, du seist ungeschickt, als du vergessen hast, dich auszuloggen? Verwendet dieser Bürokrat jemals Online-Banking? Hat er jemals den Vergleich angestellt, zwischen dem, was er hier tut, und der Einfachheit eines normalen Bankkontos?

Aber die wahre Krönung kommt, wenn du die App nutzt: Der Spaß ist noch lange nicht vorbei. Du musst noch ein paar Tage warten, bis ein Papierbrief per Post eintrifft. Dann legst du dieses heilige Dokument feierlich auf den Tisch, öffnest deine Elster-

App und verneigst dich ehrfürchtig vor dem heiligen QR-Code, den du ehrfürchtig scannst.

Und voilà! Der hartnäckige Bürokrat hat es geschafft, irgendwie das Papier in die digitale Welt ein zu schmuggeln!

Gesetze und die Umsetzungslücke

Die Cybersicherheit und der Schutz der Privatsphäre der Bürger sind essenzielle Aufgaben des Staates. Experten haben viele Stunden darauf verwendet, die wohl strengsten Gesetze der Welt zu schaffen, um die Daten der Bürger in Deutschland und ganz Europa zu schützen – bekannt als DSGVO (GDPR).

Jede Website ist verpflichtet, eine klare Nutzungsvereinbarung bereitzustellen, die den Nutzern erklärt, welche Daten gesammelt werden, wie diese genutzt werden und welche rechtlichen Rahmenbedingungen gelten. Der Bürger muss dem ausdrücklich zustimmen, nachdem er alles gelesen und verstanden hat.

Besonders bei Regierungswebseiten beginnt die Umsetzung dieser Vorschriften. Ein gutes Beispiel ist die Beantragung einer Steueridentifikationsnummer online. Man besucht die offizielle Webseite des Bundeslandes, füllt seine Daten aus und erhält die klare Nachricht, dass der Staat großen Wert auf den Schutz der Daten legt. Die Steuer-ID wird nicht per E-Mail oder unsicheren Wegen übermittelt, sondern kommt per Post, sicher in einem doppelten Umschlag – was natürlich Zeit kostet: Papier, Umschlag, Postwagen, Fahrer, vier Wochen Wartezeit. Am Ende wird der Bürger oft selbst diese Schutzmaßnahmen untergraben, indem er die Daten per E-Mail oder WhatsApp weiterleitet.

Es reicht nicht aus, strenge Gesetze zu erlassen, ohne geeignete Mechanismen zur Durchsetzung zu haben. Denn Gesetze allein machen den Bürger nicht automatisch zum Rechtsexperten, der genau versteht, was in den Nutzungsvereinbarungen steht. Und inzwischen ist es zur Gewohnheit geworden, einfach auf „Zustimmen" zu klicken, ohne die Vereinbarung zu lesen. Aber selbst wenn jemand sie liest – versteht er wirklich, was darin steht?

Einige Unternehmen bieten jetzt KI-Dienste an, die diese Vereinbarungen überprüfen. Aber wird der Bürger wirklich jedes Mal, wenn er sich irgendwo registriert, diesen Dienst nutzen? Wird er aufhören, seine Daten überall im Netz zu verstreuen?

Eine einfache Umfrage würde zeigen, wie wenig Menschen die Bedingungen tatsächlich lesen. Und selbst wenn sie gelesen werden – wie viel davon wird wirklich verstanden?

Dies ist ein typisches bürokratisches Problem weltweit: Strenge Gesetze, aber kaum Mechanismen zur Umsetzung – eine sogenannte „Umsetzungslücke". Das betrifft nicht nur die DSGVO, sondern auch andere Gesetze wie die zur Reduzierung von CO_2-Emissionen.

Ziel dieses Kapitels ist es, zu zeigen, dass digitale Lösungen helfen könnten, viele dieser Probleme zu entschärfen. Natürlich gibt es keine perfekte Lösung. Cybersicherheit muss eine größere Rolle in der Bildung spielen und von Anfang an in den Lehrplänen verankert werden.

Stell dir vor, Elster würde die e-ID akzeptieren und die Kommunikation könnte über eine verschlüsselte E-Mail laufen, ohne den traditionellen Postweg zu benötigen. Deutschland könnte sich auf diese Weise digital mit Vorreitern wie Estland oder den Vereinigten Arabischen Emiraten messen.

Im nächsten Kapitel widmen wir uns nach einem kurzen Überblick über die Bürokratie in Politik und Wirtschaft den umfassenden digitalen Lösungen und den Hürden bei ihrer Umsetzung.

Geheimnis😊 Analysten zufolge strebt Deutschland den bevorstehenden Technologie Gipfel 2050 , Elster, Bund-ID und die neue Version von der deutschen national E-DHL

Umfassende digitale Lösungen

In früheren Kapiteln haben wir über die politische Bürokratie gesprochen, die politische Lösungen erfordert, sowie über den Bereich der medizinischen Bürokratie, der eine ständige Aktualisierung der Vorschriften und Gesetze erfordert. Beide Formen der Bürokratie können nicht einfach durch Digitalisierung gelöst werden.

Die Digitalisierung kann zwar dazu beitragen, die Bürokratie vor Trägheit zu schützen, die Überwachung zu verbessern und die Aktualisierung und Entwicklung von Verfahren zu beschleunigen. Sie kann auch Technikern und Politikern genauere analytische Ergebnisse liefern, aber sie bietet keine Lösung für die politische Bürokratie oder die starre Struktur und Unflexibilität von Regeln und Vorschriften in jedem Bereich.

In diesem Kapitel werden wir versuchen, aus meiner bescheidenen Erfahrung im Management digitaler Produkte heraus den Begriff der staatlichen Automatisierung von Routineaufgaben, die durch Digitalisierung verbessert werden können, zu vereinfachen.

Die Automatisierung von Regierungs- und institutionellen Prozessen bedeutet nicht nur, Papierdokumente in digital gespeicherte Daten umzuwandeln. Sie bedeutet auch, diese Daten elektronisch zu verarbeiten. Unternehmen und Institutionen haben bereits vor Jahrzehnten mit dieser Arbeit begonnen.

Zunächst wurden digitale Lösungen als Ergänzung verwendet, um den Zugriff auf Papierdokumente zu beschleunigen und die Analyse und Berichterstattung durch die Eingabe und Analyse von Gesamtdaten zu erleichtern.

Später wurden digitale Daten zu einem wesentlichen Bestandteil, wobei der Papierdokumenteinsatz zurückging, bis sie zur Überprüfung von Informationen oder als zusätzliche Kopie für den Bürger verwendet wurden.

Heute gibt es große Institutionen, die ausschließlich digitale Daten verwenden. Aber ein solcher Wandel stellt auf staatlicher Ebene selbst für entwickelte Länder eine äußerst schwierige Aufgabe dar, da die Beziehungen zwischen den staatlichen Stellen komplex und vernetzt sind. Man kann sagen, dass die vollständige Automatisierung eines Staates eine nahezu unmögliche Aufgabe in unserer heutigen Zeit ist, aufgrund von Hindernissen und Bedenken, auf die wir später eingehen werden. Dennoch könnten die Staaten in den kommenden Jahrzehnten zu vollständig digitalen Regierungen werden.

Träumen wir mal:

Bevor wir zu den realen Lösungen kommen, nehmen wir uns fünf Minuten für Tagträume.

Stell dir vor, du nimmst dein Handy in die Hand, öffnest eine App namens *deutsche Regierung* und entsperrst sie mit deinem Fingerabdruck oder einem Scan deiner Augen. Vielleicht brauchst du zusätzlich ein Passwort, genau wie bei deiner Bank-App. Und dann hast du sofort Zugang zu den wichtigsten Diensten wie Steuern, Bußgelder, staatliche Rechnungen, Beschwerden oder Umzugsmeldungen. Du musst deine Daten nicht jedes Mal erneut eingeben, weil die App bei der ersten Nutzung bereits deine biometrischen Daten, deine Steuer-ID und alle anderen Informationen gespeichert hat.

So eine Regierung nennt man *E-Government* – die erste Stufe, bei der alle wichtigen Dienste komplett digital angeboten werden.

Gehen wir einen Schritt weiter: Stell dir vor, du kannst über dieselbe App auch Baugenehmigungen beantragen, Aufenthaltsgenehmigungen verlängern und andere behördliche Dokumente anfordern. Die App trägt automatisch deine wichtigsten Daten in die Formulare ein, weil sie dich bereits kennt. Du sendest die Formulare ab und bekommst eine Benachrichtigung, wenn sie bei der zuständigen Stelle eingegangen sind. Den Status deiner Anträge kannst du jederzeit über die App verfolgen und fehlende Informationen einfach nachreichen.

Dieser Traum nennt sich **Mobile Government** oder **Smart Government.** Es gibt noch mehr Namen und der Unterschied ist nicht wichtig jetzt, Aber: Es klingt doch fantastisch, oder?

Natürlich müssen wir nicht übertreiben – Bereiche wie das Gesundheitssystem, Wahlen oder Umfragen sollten weiterhin ihre eigenen Apps und Portale haben.

Im besten Fall können wir uns vorstellen, eine App für das Gesundheitssystem zu haben, die mit der Haupt-App verknüpft ist. Darüber kannst du Arzttermine buchen, Überweisungen erhalten und Benachrichtigungen abrufen.

Jeder Bereich hat seine Eigenheiten, aber das Wichtigste bleibt: eine zentrale elektronische Identität **(e-ID).**

Du müsstest kein Konto für jede Behörde erstellen, als wäre sie eine andere Website im Internet. Stattdessen gibt es eine einzige digitale Identität, die dir Zugang zu allen Diensten verschafft. Diese App verwaltet, welche Informationen an die einzelnen Behörden weitergegeben werden.

Du müsstest nicht bei jeder Anmeldung die Nutzungsbedingungen und Datenschutzrichtlinien akzeptieren, die sowieso niemand liest. Du müsstest nicht ständig dieselben Formulare mit deinen Daten ausfüllen. Und du bräuchtest keinen Cloud-Speicherplatz bei einer Firma, von der du nicht weißt, wie sicher sie wirklich ist.

Komisch ist doch, dass viele Leute ihre Daten auf dem Handy oder in der Cloud speichern, sogar Beamte, obwohl das Gesetz den Austausch solcher Informationen per Telefon oder E-Mail verbietet – aus Gründen der Sicherheit und des Datenschutzes.

Ein seltsamer Widerspruch, oder?

Von einer Seite akzeptiert der Beamter nicht mit dir deine Info zu mitteilen per Email oder telefonisch, und von anderer Seite benutzt er selber diese Email oder Cloud um seine eigene Info zu speichern!

Zurück zur Realität

Digitalen Transformation

Zuerst: Wie funktioniert die Automatisierung in Behörden?

Dieser Traum braucht zwei Dinge:

Entweder eine magische Kraft, die alles von alleine macht. Oder viel Arbeit, um verschiedene Werkzeuge und Programme zu bauen, die zusammenarbeiten. Es reicht nicht, nur ein Programm zu haben.

Elektronische Dokumentenverwaltungssysteme (EDMS):

Das bedeutet, dass Daten nicht mehr auf Papier, sondern elektronisch gespeichert werden. Früher wurden Dokumente gescannt und als Bilder im System gespeichert. Man konnte sie sofort ansehen oder einfach die Originale finden. Solche Programme waren in den 90er Jahren sehr beliebt.

Arbeitsablauf-Management (Workflow Management):

Das ist komplizierter. Hier geht es darum, wie eine Aufgabe funktioniert und diese digital abzubilden. Der ganze Prozess wird auf dem Computer gemacht. Jeder kann ihn jederzeit ansehen, bearbeiten oder ausdrucken. Viele Aufgaben in Behörden brauchen genau das.

Kundenbeziehungsmanagement (CRM):

Dieses System hilft, mit Bürgern besser zu kommunizieren. Es wird genutzt, um ihre Fragen oder Beschwerden zu verfolgen und schneller zu beantworten. Heute nutzen viele Unternehmen CRM, um mit ihren Kunden zu sprechen. Auch Behörden können so schneller auf Anfragen reagieren.

Ein Beispiel:

Ein Bürger ruft im Rathaus an, um nach einer Baugenehmigung zu fragen. Er gibt seinen Namen oder die Antragsnummer an. Der Mitarbeiter schaut im System nach und sagt: "Ihr Antrag ist beim Ingenieurbüro zur Prüfung." Einige Tage später ruft der Bürger wieder an. Diesmal erfährt er, dass der Antrag die technische Prüfung bestanden hat, aber auf eine weitere Prüfung vor Ort wartet.

Papier, halb digital oder komplett digital?

Früher wurden Anträge auf Papier ausgefüllt und zwischen den Mitarbeitern weitergereicht. Heute, in einer halb-digitalen Welt, gibt es zwar noch Papier, aber auch ein digitales System, das zeigt, wo sich das Dokument gerade befindet. In einer komplett digitalen

Welt wird das Papier gar nicht mehr benutzt. Alle Dokumente erscheinen direkt auf dem Computer des nächsten Mitarbeiters.

Aber das heißt nicht, dass der Computer alles alleine macht. Die Dokumente werden schneller zwischen den Abteilungen ausgetauscht, aber der Mensch bleibt wichtig. Bürger können ihre Anträge über das Internet stellen und den Fortschritt online verfolgen.

Mehr digitale Dokumente!

Überlege mal: Es gibt fast so viele digitale Dokumente wie früher Papierdokumente. Manche können weniger werden, aber viele bleiben bestehen. Diese Dokumente müssen im richtigen Moment den richtigen Mitarbeitern angezeigt werden.

Sicherheit und Betrieb:

Die Sicherheit der Daten ist sehr wichtig. Es muss dafür gesorgt werden, dass die Server sicher sind und es immer eine Sicherungskopie gibt. Das kostet viel Geld und Technik, aber es lohnt sich.

Wie kann man die digitale Umstellung zusammenfassen?

1. **Elektronische Dokumentenverwaltung (EDMS):** Damit werden Dokumente elektronisch gespeichert und können leicht gefunden und bearbeitet werden.

2. **Kundenbeziehungsmanagement (CRM):** Damit kann die Behörde besser auf Bürgerfragen und Beschwerden reagieren.

3. **Automatisierung von Arbeitsabläufen (Workflow Automation):** Das sind Programme, die Routinearbeiten wie das Eintragen von Daten automatisch machen.

4. **Integrierte Verwaltungssysteme:** Systeme, die Bürgeranfragen und die internen Abläufe wie Finanzen und Personalverwaltung in einem System zusammenführen.

5. **Künstliche Intelligenz (KI) und Datenanalyse:** KI kann Daten analysieren und Entscheidungen unterstützen, z. B. bei Genehmigungen.

6. **Digitale Identität (e-ID):** Bürger können mit einer sicheren digitalen Identität auf alle wichtigen Behördendienste zugreifen.

7. **Online-Portale:** Bürger sollten über ein Portal auf alle Dienstleistungen zugreifen können, ohne sich überall neu anmelden zu müssen.

8. **Schulung und Aufklärung:** Bürger und Mitarbeiter müssen lernen, wie sie die neuen Systeme nutzen und davon profitieren.

9. **Technische Schulung:** Mitarbeiter brauchen Schulungen, um die Systeme zu betreuen und weiterzuentwickeln.

Wie du siehst, ist die digitale Umstellung nicht einfach. Sie braucht viel Zeit, einen guten Plan und eine genaue Untersuchung, wie jede Behörde arbeitet. Außerdem muss man überlegen, wie man die Systeme in der Zukunft weiterentwickeln kann. Für die Projekte braucht es auch viele Fachleute, die alles umsetzen und testen – es ist nicht nur ein einziges Projekt. Es muss ein Team geben, das für die Schulung und Überwachung zuständig ist, damit die Systeme immer gut funktionieren und regelmäßig verbessert werden. Natürlich braucht man auch eine starke und zuverlässige technische Infrastruktur.

Nachdem wir nun gesehen haben, was alles hinter einer funktionierenden digitalen Regierung steckt, werden wir im nächsten Kapitel die größten Hindernisse betrachten, die auf dem Weg zu einer modernen, intelligenten und mobilen Regierung stehen.

Die Hindernisse für eine vollständige Automatisierung?

Ehrlich gesagt, gibt es viele Hindernisse, die einem Projekt zur vollständigen Automatisierung auf Landesebene im Wege stehen. Zusätzlich zu dem, was wir bereits über die Notwendigkeit einer umfassenden Planung und einer gründlichen Untersuchung jeder Behörde erwähnt haben, gibt es noch weitere Herausforderungen.

In technologisch weniger entwickelten Ländern wie Syrien war das größte Hindernis die finanziellen Kosten für den Aufbau einer geeigneten Infrastruktur aus Geräten und Netzwerken. Ein weiteres Problem ist das "doppelte System", bei dem sowohl Papier- als auch digitale Systeme über einen längeren Zeitraum nebeneinander bestehen müssen. Neue Anträge werden elektronisch bearbeitet, aber es wird weiterhin eine Papierversion davon erstellt. Gleichzeitig müssen ältere, papierbasierte Vorgänge in das digitale System übertragen werden.

Einige Behörden haben es jedoch geschafft, bemerkenswerte Fortschritte auf Ministeriumsebene zu machen, wie zum Beispiel das Verkehrsministerium und einige lokale Ämter innerhalb eines Gebäudes oder einer Provinz. Trotzdem behinderten Korruption und der Einfluss mächtiger Personen, die Verträge zur Entwicklung der Systeme kontrollierten, den Fortschritt.

Manchmal liegt das Problem in der veralteten bürokratischen Struktur. Ein Beispiel: Als ich die Möglichkeit der Automatisierung der libyschen Botschaft in Damaskus untersuchte, stießen wir auf ein Hindernis bei der Automatisierung des Finanzbereichs. Die Botschaft nutzte ein altes Finanzsystem, das nicht für solch große Aufgaben geeignet war. Dieses System war ineffizient, aber es wurde nicht ersetzt. **Klar! "Sie hatten ihre eigene Version von Ares und Cares."**

In entwickelten Ländern gibt es andere Hindernisse. Diese Länder verfügen bereits über fortschrittliche Automatisierungssysteme im privaten Sektor und in einigen staatlichen Behörden, jedoch in unterschiedlichen Ausmaßen. In Deutschland zum Beispiel spielt das föderale politische System eine Rolle bei der Verstärkung dieser Unterschiede.

Die wichtigsten Hindernisse:

1. **Komplexe Bürokratie**: Die deutschen Behörden haben eine lange Geschichte komplexer Verfahren und weitreichender Gesetze. Das macht die Automatisierung zu einer großen Herausforderung, da umfangreiche Umstrukturierungen notwendig sind. Außerdem führt die hohe Spezialisierung in den einzelnen Behörden zu Schwierigkeiten bei der Integration der Systeme und dem Datenaustausch zwischen den verschiedenen Ämtern. Generell ist das Maß an Komplexität in deutschen Behörden höher als in weniger entwickelten Ländern.

2. **Datenschutz**:

o **Strenge Gesetze**: Der Datenschutz in Deutschland unterliegt sehr strengen Gesetzen, wie zum Beispiel der Datenschutz-Grundverordnung (DSGVO), was die Entwicklung digitaler Systeme und den Datenaustausch zu einer großen Herausforderung macht.

o **Sorge um Privatsphäre**: Viele Bürger haben große Bedenken hinsichtlich des Datenschutzes, was sie zögern lässt, ihre persönlichen Daten weiterzugeben.

3. **Technische Infrastruktur**: Obwohl Deutschland über eine hervorragende Infrastruktur verfügt, gibt es Unterschiede in den verwendeten Systemen. Zudem verlassen sich viele Behörden immer noch stark auf Papierdokumente, was große Anstrengungen erfordert, um diese in digitale Formate zu übertragen oder die Systeme miteinander zu verbinden.

4. **Widerstand gegen Veränderungen**: Dieses Problem ist in allen Ländern verbreitet, sowohl in entwickelten als auch in weniger entwickelten. Es gibt verschiedene Gründe dafür:

o Angst vor Arbeitsplatzverlusten.

o Festgefahrene Arbeitsgewohnheiten.

5. **Hohe Kosten**: Dies ist ein gemeinsames Problem in allen Ländern. Die Automatisierung erfordert große Budgets, um erfolgreich umgesetzt zu werden.

> Natürlich gibt es keine magische Lösung, die all diese Hindernisse auf einmal beseitigt. Doch jetzt, nachdem wir den Punkt der Frustration erreicht haben, wirst du sehen, dass der Übergang zu einem modernen und effizienten öffentlichen Dienst für kein Land unmöglich ist. Es ist eine spannende Herausforderung, die durch clevere und gut durchdachte Lösungen bewältigt werden kann. Deutschland hat in diesem Bereich einige Besonderheiten und Vorteile, die wir uns gleich genauer anschauen werden.

Erfolge der deutschen Regierung im Bereich E-Government:

Zitate von Regierungswebseiten:

Das Projekt der digitalen Identität in Deutschland zielt darauf ab, den Bürgern zu ermöglichen, ihre elektronischen Identitätsdaten von ihrem deutschen Personalausweis direkt auf ihr Smartphone zu speichern und diese Daten über eine spezielle App zu nutzen.

Ein wichtiger Teil dieses Projekts ist "Bundes Ident". Dies ist ein System, das aus drei Hauptkomponenten besteht: eine benutzerfreundliche App, eine Web-Komponente und die Möglichkeit, die Identität auch in mobilen Anwendungen zu nutzen.

Seit 2010 können Bürger in Deutschland ihre Identität sicher im Internet nachweisen, da ihr Personalausweis einen Chip mit einer elektronischen Identität (e-ID) enthält. Bis jetzt wurden etwa 62 Millionen elektronische Personalausweise mit dieser Funktion ausgegeben.

Das Bundesamt für Sicherheit in der Informationstechnik (BSI) sorgt dafür, dass diese Identitäten sicher sind.

Im Juni 2023 veröffentlichte das Innenministerium ein Papier, das erklärt, wie die e-ID-Funktion auf dem Personalausweis genutzt werden kann, um die Identität der Bürger auf Smartphones zu speichern und zu nutzen.

Dieses Textes sind ziemlich trocken, weil sie direkt aus bürokratischen Quellen kopiert wurde, abgekürzt und in abgeänderter Form von :

https://digitalservice.bund.de/en/projects/digital-identities
https://www.bsi.bund.de/EN/Themen/Oeffentliche-Verwaltung/Elektronische-Identitaeten/elektronische-identitaeten_node.html https://id.bund.de/de

Stell dir vor, wie großartig es wäre, wenn die deutschen Behörden den direkten Zugang über die deutsche e-ID akzeptieren würden – schließlich sind sie ja auf dem gleichen geografischen Raum und haben die Daten der gleichen Bürger.

Stell dir vor, die digitale Brieftasche (e-Wallet), die von Elster entwickelt wurde, wäre in Zusammenarbeit mit der deutschen Bund e-ID entstanden.

Und stell dir vor, sie hätten die staatliche E-Mail für Bürger mit der digitalen Signatur beide mit e-Wallet und Bund e-ID zusammen wiederverwendet.

Wir wären definitiv an einem ganz anderen Punkt angekommen! Oder ?!

Das nächste Kapitel ist schon Interessant und gibt uns etwas Hoffnung!

Die Erfahrung von Komedistan mit der Digitalisierung

Stell dir ein Land namens Komedistan vor, das in der Wüste liegt. In diesem Land gibt es nur Papiersysteme, ein Computer in jeder Behörde und ein Smartphone in der Hand jedes Bürgers.

Was braucht dieses Land, um eine einfache E-Government-Lösung zu schaffen? Oder vielleicht erster Schritt , kann man auch sagen.

1. Eine E-Mail-Adresse für jeden Bürger. Diese E-Mail ist speziell, sie kann nur für den Austausch von Nachrichten zwischen dem Bürger und der Regierung genutzt werden.

2. Eine digitale Brieftasche (e-Wallet). Darin sind die wichtigen Dokumente des Bürgers, wie der Ausweis, der Reisepass oder die Krankenkarte, in digitaler Form gespeichert. Diese Brieftasche ist mit der E-Mail verbunden.

3. Die Möglichkeit, Anträge elektronisch über diese E-Mail zu stellen. Die Beamten drucken den Antrag aus, bearbeiten ihn manuell und schicken die Antwort zurück an die E-Mail-Adresse.

Dieses einfache und etwas langweilige Bild soll in deinem Kopf bleiben. Es zeigt keine wirkliche Automatisierung, es spart dem Bürger nur den Gang zum Amt.

Der Beamte muss nicht mehr auf den Bürger warten, sondern schickt das Ergebnis direkt per E-Mail zurück, nachdem er den Antrag manuell bearbeitet hat.

Was lernen wir daraus?

1. Es gibt eine digitale Identität.

2. Es gibt eine Dokumenten-Brieftasche.

3. Es gibt eine sichere E-Mail-Kommunikation, Geschlossener E-Mail-Dienst zwischen Bürger und Behörde.

Das ist die Basis für E-Government. Dieses System kann in der Wüste, am Südpol oder in Komedistan umgesetzt werden.

Jede Behörde kann ein eigenes System entwickeln und den Bürger über diese sichere E-Mail und die digitale Brieftasche kontaktieren. Es braucht nur ein wichtiges Element: eine Schnittstelle zwischen der Brieftasche und dem System der Behörde, damit die beiden miteinander sprechen können. Diese Schnittstelle wird **API** genannt.

Kein Angst, alle Begriffe werden erklärt später, aber API ist ein Protocol bindet zwei verschiedene Systeme

Behörden entwickeln ihre eigenen Anwendungen und nutzen die digitale Brieftasche und die sichere E-Mail als Schnittstelle zu den Bürgern.

Der Vorteil: Jede Behörde kann sich in ihrem eigenen Tempo entwickeln und die Arbeit intern weiter manuell erledigen. In Komedistan wäre das ein großer Schritt nach vorne.

In fortschrittlichen Ländern wie Deutschland ist die Situation jedoch komplexer.

Es gibt viele verschiedene Anwendungen in Deutschland, und sie sind oft so unterschiedlich, dass es fast unmöglich ist, den Überblick zu behalten. Es fühlt sich an, als würde man eine komplizierte Schatzkarte lesen. Oder ein Sanskrit-Buch zu lesen, komplett verirrt!

Doch Deutschland hat auch starke Infrastruktur und Programmiererfahrung, die bei der Lösung dieser Probleme helfen kann.

Man könnte sagen: Es ist einfacher und schwieriger zugleich. Schwieriger, weil es so viele unterschiedliche Systeme gibt. Aber einfacher, weil die Grundlagen schon vorhanden sind.

Es wäre ein Fehler, zu versuchen, alles auf einmal zu automatisieren. Stattdessen ist es besser, mit kleinen Schritten zu beginnen. Eine einfache, **zentrale Plattform**, über die die Bürger ihre Anfragen stellen und Informationen von den Behörden erhalten können, wäre ein Anfang.

Wenn alle Behörden eine solche Plattform nutzen würden, könnten sie schrittweise ihre Systeme modernisieren und sich an diese Plattform anschließen. **Eine zentrale Identität e-ID**, die alle digitalen Dienste vereint, könnte der Schlüssel sein.

Das bedeutet: Bürger brauchen nur eine digitale Brieftasche **e-Wallet** und eine **sichere E-Mail**. Mit einem Klick könnten sie sich bei allen Diensten anmelden und ihre Anfragen stellen.

Was sind API, e-Wallet, Geschlossener E-Mail-Dienst und e-ID?

API (**A**pplication **P**rogramming **I**nterface): Eine Schnittstelle, die es verschiedenen Programmen miteinander zu kommunizieren und Daten auszutauschen.

e-Wallet: Eine digitale Brieftasche, in der man persönliche Dokumente wie Ausweise, Führerscheine oder Gesundheitskarten sicher speichern kann.

Geschlossener E-Mail-Dienst: Ein spezieller E-Mail-Dienst, der nur für den Austausch von Nachrichten zwischen Bürgern und Behörden verwendet wird. Man kann nicht bei anderen Webseiten benutzen.

e-ID: Eine elektronische Identität, die als digitaler Ausweis dient und den Zugang zu verschiedenen Online-Diensten ermöglicht.

Wo ist Deutschland? und was hat gemacht? Im nächsten Kapital ist die voila Antwort!

Entdeckung Amerikas im Geografiebuch:

Ist das eine neue Erfindung? Ja, relativ neu. In den letzten Jahren haben einige Länder begonnen, Regierungsprojekte mit Blockchain-Technologie umzusetzen. Zum Beispiel Schweden im Gesundheitswesen, Estland und die Vereinigten Arabischen Emirate. Auch Australien entwickelt ein System zur Verwaltung von Immobilien mit Blockchain.

Wird diese Technologie in Deutschland nicht genutzt? Doch, ganz im Gegenteil. Deutschland ist in diesem Bereich sehr fortgeschritten und nutzt diese Technologie immer mehr.

Aber warum gibt es so viele unkoordinierte Anwendungen, die nicht zur Größe und den Möglichkeiten der deutschen Regierung passen? Dieses Buch ist hier, um die Bürokratie zu erklären und die Zukunft von E-Governments zu zeigen – vielleicht hilft es auch einigen Verantwortlichen, diese Frage zu beantworten! Das wahre Problem liegt in den starren Gesetzen und der Unordnung bei den Anwendungen.

Technische Begriffe:

1. **Eine genehmigte Blockchain (Permissioned Blockchain)** ist eine Art von Netzwerk, das auf einem mathematischen und programmatischen Konzept basiert, bekannt als Blockchain-Technologie oder Blockketten.

2. **Fortschrittliche Sicherheitsprotokolle**: Diese Netzwerke stützen sich auf fortschrittliche Standards und Technologien wie Verschlüsselung, Identitätsmanagement und Multi-Faktor-Authentifizierung.

3. **Verteilung der Knoten**: Die Verteilung der Computer (Knoten) sorgt für eine verteilte Datenverarbeitung, wodurch potenzielle Ausfallpunkte minimiert werden.

4. **APIs (Schnittstellen)**: APIs ermöglichen es verschiedenen Systemen, unabhängig voneinander zu kommunizieren und Daten auszutauschen, sei es innerhalb von Abteilungen, Ministerien oder anderen Organisationen.

5. **Transparenz der Transaktionen**: Alle Transaktionen im Netzwerk sind transparent nachvollziehbar, was das Vertrauen in das System stärkt und die Möglichkeiten von Korruption verringert.

6. **Flexibilität des Systems**: Das Netzwerk lässt sich leicht erweitern und anpassen, um den sich ändernden Anforderungen von Regierungen, Institutionen und Ministerien gerecht zu werden.

7. **Open Source**: Das bedeutet, dass die Blockchain über eine große Entwicklergemeinschaft verfügt und bereits umfangreich getestet wurde, auch bei großen Datenmengen.

Es ist möglich, eine dieser Netzwerke auszuwählen, ihre praktischen Ergebnisse zu vergleichen und sie anschließend sofort für das Regierungsnetzwerk zu implementieren, das vom öffentlichen Internet isoliert ist und nur über autorisierte Zugänge mit Bürgern, Unternehmen, Ministerien oder Gemeinden verbunden ist.

Um Missverständnissen vorzubeugen: Es geht hier nicht um Kryptowährungen wie Bitcoin oder Ethereum, sondern um die Netzwerke, die sie betreiben.

Vorteile einiger dieser Netzwerke:

Ethereum: Sehr bekannt. Eines der am weitesten entwickelten und ausgereiftesten Netzwerke mit der größten Entwickler-Community.

- Bietet flexible und fortschrittliche Smart Contracts.

- Hohe Skalierbarkeit und Anpassungsfähigkeit.

Cardano: Basierend auf strenger akademischer Forschung und mit hohem Sicherheitsniveau.

- Unterstützt mehrere Programmiersprachen, was die Entwicklung erleichtert.

- Entworfen, um große Transaktionsvolumina zu bewältigen.

Polkadot: Erlaubt die Verbindung mehrerer Blockchains miteinander.

- Ermöglicht die Erstellung maßgeschneiderter Blockchains für jeden Regierungsdienst.

- Verwendet einen fortschrittlichen Konsensmechanismus für erhöhte Sicherheit.

Hyperledger Fabric: Speziell entwickelt, um den Bedürfnissen großer Organisationen, einschließlich Regierungen, gerecht zu werden.

- Bietet ein hohes Maß an Privatsphäre für Transaktionsdaten.

- Kann speziell an die Anforderungen angepasst werden.

Open-Source-Systeme versus proprietäre Programmierung

Wenn der Staat eine Softwarelösung zur Erfüllung einer bestimmten Funktion implementieren möchte, stehen ihm heute zwei Hauptoptionen zur Verfügung:

1. **Erste Option**: Die Annahme einer Open-Source-Lösung und deren Anpassung an die spezifischen Bedürfnisse.

2. **Zweite Option**: Die Entwicklung einer maßgeschneiderten Lösung von Grund auf, unter Verwendung proprietärer Software, die von einem spezialisierten Team erstellt wird, um die Anforderungen einer Behörde, Regierung oder sogar des privaten Sektors zu erfüllen.

Obwohl maßgeschneiderte Lösungen möglicherweise attraktiver und effektiver erscheinen, da sie speziell zur Erfüllung bestimmter Anforderungen entwickelt wurden und ihre Funktionsweise nur dem Team bekannt ist, das sie entwickelt hat, was ein hohes Maß an Sicherheit bietet, könnte diese Sichtweise oberflächlich sein.

Maßgeschneiderte Lösungen erfordern eine spezielle Schulung und ein ständiges, erneuerbares Team für Wartung und Weiterentwicklung, was zu sehr hohen Kosten führt und die Erneuerung und Weiterentwicklung einschränkt.

Im Gegensatz dazu bieten Open-Source-Softwarelösungen eine große Gemeinschaft, die kontinuierlich an der Weiterentwicklung und Aktualisierung von Systemen und Software ohne Einschränkungen in alle Richtungen arbeitet. Sie bieten zudem eine große Chance zur Prüfung der Sicherheit, da sie ständig intensiv genutzt und den üblichen Sicherheitsrisiken ausgesetzt sind, was ihnen Stabilität und ständige Weiterentwicklung verleiht.

Darüber hinaus garantieren sie eine große Verfügbarkeit von Fachkräften, was es erleichtert, Entwicklungsteams zu erneuern, ohne große Ausgaben für kontinuierliche Schulungen zu benötigen.

Was Staaten tun sollten, ist, diese Lösungen zu übernehmen und erneut zu verwenden, indem zusätzliche Sicherheitsschichten hinzugefügt werden, die dem technischen Team ausreichend Zeit geben, technische und sicherheitsrelevante Updates sofort zu implementieren, sobald sie verfügbar sind. Es reicht aus, eine eigene Behörde oder ein Ministerium für diesen Zweck einzurichten und es regelmäßig mit technischen und fachlichen Teams zu versorgen, sowie den privaten Sektor, insbesondere große Unternehmen und Banken, einzubeziehen, um in die Entwicklung der Infrastruktur und die Unterstützung lokaler Cybersicherheitsunternehmen zu investieren.

Diese Behörde oder Abteilung sollte ständig den Open-Source-Softwaremarkt beobachten, um sicherzustellen, dass sie offen weiterentwickelt und entsprechend unterstützt wird. Gleichzeitig sollte ein spezialisiertes Entwicklungsteam daran arbeiten, diese Lösungen in die Regierungsbehörden zu übertragen, wobei zusätzliche Sicherheitsebenen und Verschlüsselungsschichten berücksichtigt werden, die eine zusätzliche Schutzschicht bilden. Diese Lösungen sollten auch über das Internet in Form von tatsächlich isolierten privaten Netzwerken betrieben werden, die den Bürgern und Regierungsbehörden ihre Dienste anbieten.

Erklärungen

Trotzdem sind einige persönliche Erfahrungen genannt. Diese kann man nicht verallgemeinern, aber sie zeigen, was in vielen Ländern passiert – besonders in Deutschland.

Die meisten Kapitel und technischen Abschnitte sind in einer einfachen und direkten Sprache geschrieben. Die Geschichten und Erzählungen sind oft humorvoll, trotz sie nervig und schwer in Realität waren.

In diesem Kapitel erklären wir einige Begriffe, die wir vorher benutzt haben:

- **Vongues**: Das ist ein Wortspiel. Ich habe es kombiniert aus "fun guys" und "Vogue".

- **Ares und Cares**: Ares ist der griechische Kriegsgott. Er ist wütend und zerstörerisch. Ares ist mit Aphrodite, der Göttin der Liebe, verheiratet. Diese ungewöhnliche Kombination nutzen wir im Buch. "Cares" bedeutet Fürsorge, und wir nennen ihn "Cares", um den anderen, sanfteren Teil von Ares darzustellen.

- **Glaistig**: Ein mystisches Wesen aus dem schottischen Volksglauben. Sie wird oft als Hexe oder Fee beschrieben, die im Wald lebt. Sie ist wunderschön, aber auch widersprüchlich – manchmal gut, manchmal böse. Man sagt auch, sie beschützt die Herden. Deshalb passt sie gut in diesem Kontext.

- **Leviathan**: Ein riesiges Seemonster, das in vielen alten Legenden vorkommt. Es symbolisiert Zerstörung und Chaos und wird oft mit tiefem Wasser und Dunkelheit verbunden. In der politischen Literatur, besonders bei Thomas Hobbes im 17. Jahrhundert, steht es für politische Unterdrückung.

Möchtest du mehr über Bürokratie erfahren? Dann solltest du diese klassischen Werke lesen:

Es ist nicht verwunderlich, dass der Pate der bürokratischen Theorie ist ein Deutscher , nämlich der große Denker „Max Weber" , Sein Name wird in fast jedem Buch zu diesem Thema erwähnt.

Besondere Bücher

1. **Der Weg zur Knechtschaft** von Friedrich Hayek

2. **Antifragilität:** von Nassim Taleb

3. **Im Internet:** findest du viele Ressource über Blockchain einfach erklärt aber bitte nicht mit der kryptischen Wahren mischen und auf die Unterschieden dazwischen beachten!

Es gibt natürlich viele weitere Bücher über Bürokratie, Informationstechnologie und Blockchain.

Wenn du jedoch Spaß beim Lesen suchst und keine trockene Wissenschaft magst, dann solltest du die Buchreihe **"Per Anhalter durch die Galaxis"** von **Douglas Adams** lesen. Das ist eine Science-Fiction-Serie mit viel Humor, die Bürokratie und die Gesellschaft auf lustige Weise kritisiert. Es gibt auch Filme und TV-Serien dazu, aber die Bücher sind viel besser.

Eigentlich wollte ich gar nicht über Bürokratie schreiben. Ich habe gerade am zweiten Teil der Serie „Dialoge in Religion, Literatur und Politik" gearbeitet. Es ging um **das Ende der Welt in den arabischen Mythen**. Dann bekam ich diesen witzigen Anruf bei der Notrufnummer116117, und diese Situation hat meine Fantasie angeregt.

Vielleicht erklärt das die vielen mythologischen Vergleiche im Buch.

Vielen Dank, lieber Leser, dass Du Dir die Zeit genommen hast, dieses leichte Buch zu lesen. Ich hoffe, es hat Dir ein bisschen geholfen, die Hindernisse und Möglichkeiten der Digitalisierung im Regierungsbereich zu verstehen – oder vielleicht hast Du einfach nur etwas geschmunzelt.

Wenn Du einer der netten Menschen bist, die in einem Büro arbeiten, hoffe ich, dass Du meinen humorvollen Stil nicht übel nimmst. Ich schätze die Arbeit, die ihr leistet, sehr.

Falls Du bei einem Jobcenter, im Gesundheitsdienst oder bei der Postbank arbeitest, schicke ich Dir einen besonderen Gruß! Die lustigen Situationen, die ich hier erzählt habe, haben mich oft verrückt gemacht, aber am Ende auch zum Lachen gebracht – in einigen meiner dunkelsten Momente. Dafür gebührt Dir mein größter Dank.

Ich freue mich auf eure Meinungen und Rückmeldungen per E-Mail.

Smadi@saar.school

Bleibt gesund und froh!
Khalil Al Samadi

Zwischen Humor und Wissen, in diesem Buch

"Der Bürokrat versucht immer, dir zu zeigen, dass du dumm bist oder etwas fehlt.

Er findet immer einen Weg, alles zu verkomplizieren – vielleicht sogar, indem er noch ein Formular hinzufügt – selbst bei digitalen Anträgen.

Entdecke die skurrilsten Anekdoten aus der deutschen Bürokratie und warum die Digitalisierung oft in Sackgassen endet – humorvoll und überraschend.

Was sind die nächsten Schritte auf dem Weg zur Digitalisierung? Alles leicht und verständlich erklärt – eine Pflichtlektüre für jeden, der Verstehen möchte, warum die Digitalisierung in Deutschland so oft ins Stocken gerät."